吕思勉 著

中国社会变迁史

（附大同释义）

吕思勉著作精选

专门史

图书在版编目(CIP)数据

中国社会变迁史：附大同释义 / 吕思勉著. —上海：上海古籍出版社,2021.5
（吕思勉著作精选. 专门史）
ISBN 978-7-5325-9937-0

Ⅰ.①中… Ⅱ.①吕… Ⅲ.①大同(政治主张)-研究 Ⅳ.①D092

中国版本图书馆 CIP 数据核字（2021）第 066118 号

吕思勉著作精选·专门史

中国社会变迁史(附大同释义)

吕思勉 著

上海古籍出版社出版发行

（上海瑞金二路 272 号 邮政编码 200020）

（1）网址：www.guji.com.cn
（2）E-mail：guji1@guji.com.cn
（3）易文网网址：www.ewen.co

常熟市人民印刷有限公司印刷

开本 890×1240 1/32 印张 5.75 插页 2 字数 134,000

2021 年 5 月第 1 版 2021 年 5 月第 1 次印刷

ISBN 978-7-5325-9937-0

K · 2989 定价：42.00 元

如有质量问题,请与承印公司联系

前　言

　　有一种说法,说理想的历史著述家,要写过一部历史的专著,写过一部历史教科书,再写过一部历史通俗读物。又有一种类似的说法,把教科书换成了方志书,或是把通俗读物换成了历史地图册,说唯有著述了多种主题、多种形式的史学作品,历史著述才算达到了完满的境界。这些说法,当然不是在为史学评论提供一种评判的标尺,其本意是强调历史著述家除了要撰写专业领域里的学术著作,还要尽其所能为社会大众提供多种多样的历史作品,以满足不同层次、不同爱好的读者需要。

　　由此而论,史学家吕思勉先生倒是达到了理想的历史著述境界。他不仅写有大部头的史学著作,如《先秦史》《秦汉史》等成系统的四部断代史,还写过大量的文史教科书和历史通俗读物。其数量之多、品类之丰,在民国时代众多的史学大家中也是很罕见的。而且,他撰写的教科书和历史通俗读物,都是精心之作,或被后人称之为通俗读物之典范。

　　如此次"吕思勉著作精选"收录的一九二四年商务印书馆出版的《新学制高级中学教科书本国史》,黄永年先生曾评价说:这本书现在已经很少有人知道了,有一篇《吕思勉先生主要著作》,就没有提到这本书,也许认为这只是教材而非著作。"其实此书从远古讲到民国，只用了十二万字左右篇幅，而政治、经济、文化以及典章制度各个方面无不顾及，在取舍详略之中，体现出吕先生的史学史识，实是吕先生早期精心之作。有些青年人对我讲，现在流行的通史议论太多，史实太少，而且头绪不清，实在难读难记。我想吕先生这本要言不烦的《本国史》是否可以给现在编写通史、讲义的同志们一点启发。"（黄永年：《回忆我的老师吕诚之先生》，《学林漫录》第四集，北京，中华书局，1981 年）

又如《三国史话》，原是吕先生撰写《秦汉史》的副产品，出版之后，就很受欢迎，被视为历史通俗读物的典范之作。虞云国先生说：史学大师吕思勉既有代表其学术高度的断代史，又有通俗读物《三国史话》，"各擅胜场，令人叹绝"。（吕思勉：《三国史话》封底，北京，商务印书馆，2015 年）梁满仓先生也说："《三国史话》的大家风范，首先体现在作者强烈的历史责任意识……还表现在一些经得住时间检验的观点……《三国史话》是一部通俗历史读物，然而通俗中却包含着渊博的知识……小中见大、通俗中见高雅，《三国史话》为我们树立了典范。"（梁满仓：《〈三国史话〉的大家风范》，吕思勉：《三国史话》，北京出版社，2012 年）如今，吕先生的各种著述一再重版、重印，成为民国史学家中最为大众欢迎的史家之一，说明上述史学家们的评说已经成为大家的共识。

本着这样的认识，我们在吕先生一千余万字的著述中，选择了二十余种兼具通俗性与专业性且篇幅适宜者，根据内容分为七类，分别是：通史、专门史、修身、历史分级读本、读史札记、史话和国学，组成"吕思勉著作精选"，以飨读者。如最先推出的"吕思勉著作精选·专门史"，收入《中国社会史》、《中国社会变迁史（附大同释义）》、《中国民族史两种》和《中国文化史六讲　中国政治思想史十讲》。何以收入此四种？吕先生历来备受关注者，即其"两部通史、四部断代史、一种札记",但其对专门史亦非常重视。他提倡"专就一种现象的陈迹加以研究"之专门的历史,并且身体力行,在史学实践中完成社会史、民族史、文化史、政治思想史等专史著作,涵盖面很广。且其专门史常常有一种贯通的眼光,既是朝代的贯通,也是"专门"的贯通,如其讲政治思想史、文化史,则先论社会史,因此其专门之中又多贯通,体现了其"综合专门研究所得的结果,以说明一地域、一时代间一定社会的真相"的治学路径。吕思勉先生的历史著作,大多都蕴含着这种"贯通"的眼光。以此为例,是想说明我们精选吕思勉著作的用意,以及帮助读者更好地理解中国历史的希望。

目　录

中国社会变迁史

大 同 释 义

中国社会变迁史

自 序

从前的人,总说知易行难;孙中山先生却独说知难行易;这两种说法,究竟哪一种对呢? 我说:这两种说法,各有其立场。从实行上说,自然是知易行难。不论怎样坏的人,总没有不知好坏的。却到该遵照道德律而行时,就有许多说法,替自己辩护,宽恕自己了。"子路有闻,未之能行,惟恐有闻",果有这种勇猛精进之心,尽其所知而行之,已足成其为圣贤,为豪杰。所以知易行难之说,确有其理由。但是从处事的方法上说,却就不然了。要把一件事情措置得妥贴,必须先把这件事情的本身,弄个明白,这是自然之理,谁也不会反对的。然而弄明白一件事情,谈何容易? 古往今来,不少自以为明白的人,而其所谓明白,究竟确实与否? 彻底与否? 从后人看来,往往很有可疑。古今不少热心任事的人,而其对于事情,往往不能措置得妥贴;甚至转益纠纷,即由于此。从这一点而言,行易知难,又不能不谓之真理了。我们对于事情,不能明白,其受病的根原,究竟在哪里呢?

《易》曰:"穷则变,变则通,通则久。"这句话,是一个很普遍的法则。不但社会上一切事情如此;即社会的本身,亦是如此。社会必有其环境;环境本不是恒常不变的,社会的力量,又多少能使环境改变;环境既变,其影响复及于社会;而社会中的各分子,亦是互相影响的；所以社会的分子——人与物，无时不在变迁之中；社会的本身，自然要不绝地变化了。治法乃人所以对付事物之工具。事物一变，工具当然随之改变，这亦是自然之理，人人都能明白的。然而抽象地说，如事物现放在眼前，就大不同了。人们往往在理论上承认变革为当然，而在事实上，却固执变革为不可，尤其是社会的组织，不但固执为不可变，并有不知其为可变迁之物的。于是一切争执，从此而起。提倡变革之人，往往因之而遭戮辱、杀害。其在一枝一节的事情上，固然未尝不为有意之改变。然而社会全体，是互相关联的。变其一，不变其二，不但不能得所预期，甚至所得者转出于所预期之外，或与之相反，天下就从此多事了。

自欧亚大通后，我们遭遇着旷古未有的变局。我们的不能不变，数十年来，亦逐渐为众所共认了。然而其变之始终不得其法，迄今日，仍在流离颠沛之中；这是什么理由呢？分而言之，其说可以更仆难尽。总而言之，则由于我们不明白我们自己的社会。不明白社会的现状，则不知今古之异，而欲执陈方以药新病；不明白自己社会的性质，则不知人我之异，而强欲以他人所有者，施之于我；遂到处见其扞格而难通。数十年来，不论守旧维新，莫不言之成理，而行之无不碰壁，即由于此。然则我们的社会，情形究竟如何，必须弄一个明白，看似迂阔，实系目前至急之务，且为自救根本之图了。

现在是不能说明现在的，要明白现在，必须溯其原于既往。此书之作，是我从民国廿二年到廿三年，在上海光华大学所讲，原名《中国社会变迁史》。吾国史料之流传，自以秦汉以后为多；而社会的变迁，则实以三代以前为烈。秦汉以后，我们现在的社会渐次形成，根本上没有什么大变动了。固然，晚周、秦、汉之世，为这种社会形成之初，人心上还觉得不安；还要想把他回复到已往的状况。果其熟悉这一时期的历史，亦可见得社会本来不是如此；因而悟到社会不是恒常不变之物。然而前此的史材，所传太少了，又多隐晦难明；很难给人以充分正确的知识。人们就很容易误会：社会是恒常如此的。即使不然，亦以为社会之为物，只能听其迁流，而不容易以人力加以改造。大家怀抱着这种思想，社会所以永无改革之望，即一枝一节之改革，亦多扞格而难通。然则将社会的本身，探本穷原，弄一个明白，确实是根本之图，而亦是至急之务了。此书虽然不足以语此，却是有志于此的。此书原名《中国社会变迁史》，所以改定今名者，我认为孔子所说的大同、小康、乱世，确足以代表中国社会变迁的三大时期。大同，不但是孔子，亦是人人心中所想望的。孔子在二千年前，指示我们以这最高的模范，阐明而光大之，自是后死者之责。亦且大同、小康、乱世，三者相因，明其一，亦即能明其二；不明其二，亦终不能明其一的；所以举一可以概三。我们所求明白者，为自大同时代直至现在的情形；我们心所向慕而蕲其实现者，则尤在大同时代；故而改定今名，以志蕲向。

既然想把中国的社会，弄个明白，自然该从最古的时代，直说到如今了。而此书却止于两汉之际，这是何故？原来中国的社会，体段太大，所关涉的方面太多，情形太复杂了。要彻底说明它，自然非短时期所能。而在今日，需要精详研究之书，亦似不如说明大体之书之切。因为中国的社会，以前是怎样一个经过，现在是怎样一个情形，为什么有此经过，成此情形，还全在茫昧之域。必须有大概的知识，然后可作精详的研究。所以此书系用鸟瞰之法，说明中国社会变迁大端。一枝一节之处，都不之及，以免芜杂之累。东汉以后的社会，根本上无大变迁，所以就略而不及了。虽然如此，稍枝节的考证，总是不能免的。所以我在行文时，都力求置之附注之中，以免正文芜杂。全书的纲领，自然要借重于现在社会学家的成说，可是由我考据所得，亦不能谓之绝无。我虽然不敢以有学问自居；可是所读的书,也还相当,立说也还谨慎;牵强附会,是生平所不肯出的;于这一点,颇希望读者注意。至于阐明中国社会的真相,这么一个大题目,自非如我之浅学,所能担当。我不过觉得此类的书籍,还很缺乏,希冀抛砖引玉,以此为大辂之椎轮而已。全书在去年暑假前,本已用文言写成。正文不足三万字。以简要论,自胜于现在的白话本,但我天赋至愚,笃于自信,一得之见,颇想对于全民族以芹曝之献,觉得现在读这一类书的人,和白话接近者较多,和文言接近者较少。求其传布较广,收效较弘,暑假后,乃将文言之稿毁弃,改用白话,随讲随编,将次完竣,因病中辍。直至昨日,始行全部写成。"家有敝帚,享之千金",我并无此勇气。不过天赋至愚,笃于自信,总以为不至一无可取而已。其大部分,自然是燕石。如有锡以指正,使我不至终宝其燕石的,敬当祷祀以求,馨香以祝。

自欧洲学术输入中国之后,社会学的学说,要算最为风行。这也有个理由,社会是整个的,不是片断的。不论什么社会现象,都是整个社会上的一种现象。离开了社会的全体,都无从解释的。从前的人——不论东西洋——都不知此义,所以其对于一种现象的解释,都不能真确;而其所拟的对策,亦多不可行。现在就不然了,人类的知识进步到能阐明社会学,确是人类的福音。中国人之倾心于这种学问,亦固其所。但是社会进化的程序,虽然大致相同;而其小节偏端,以至于现在所达到的地位,则不能划一。所以研究可以借资于人,而硬拉了人家的问题,以为亦是我们的问题;甚至硬钞人家解决的方法,以为亦就是我们解决的方法,则必不免无病而呻,削足适履之病。所以把中国的社会,研究明白,实在是至急之务,而亦是根本之图。

世界进化到极点,我相信:人类是只有相亲相爱,相扶相助,而没有互相争斗残杀的——人类有余的势力,要求消耗,都用之于对自然的抗争了。然而未至其时,则欲求自存,亦必须有相当的强力。古来许多夭殇的社会,其组织,岂必其皆不良? 然而其结果,反被野蛮之族所征服,即由武力太缺之故。我国古代,从文化上说,主要的有炎黄两族。炎族组织较优良,黄族武力较强盛。其后,炎族遂为黄族所征服。说具篇中,兹不更赘。天幸! 黄族征服炎族之后,没有把它优良的组织,尽行破坏;而且还为相当的保存;甚且能够发扬光大;我国遂为一文化优越之民族,以迄于今。在现在世界上,中国文化,确实是有相当的价值的,然亦靠黄族的武力,东征西讨,使中国成为大国,乃能保存此优越之文化。否则古代与我同时并存之民族,安知其文化没有足与我大同时代媲美的呢? 然则世界未进于大同,文事武备,确乎两者不可缺一。我们今日,遐稽古史,也不必赞美炎族的文明,而痛恨黄族的凭陵了。

但是武力的超越,亦要靠文化维持。“大同”二字,就字面讲来,就是全体利害相同,更无冲突的意思。我们现在,为什么不竞于人? 是武力的不逮么? 我们的陆军,并不少于日本;海空军及其余一切战备,固然自愧不如,但在战略上,亦并非无补救之法;却为什么不能抵抗? 这是内部的问题呢? 还是外部的问题? “一二八”之役,以及今日华北战区,为什么会有所谓内奸? 内奸的利害,是和国家民族的利害相同的呢? 还是相反的? 为什么我们社会里,会有和全体利害相反的人? 固然,内奸是各国都有的。然而号称强盛之国,是不是其内奸较少,而亦不能发挥其力量? 而号称衰乱之国则反之? 吴三桂、洪承畴,是不是此等内奸的扩大? 然则要争民族、国家的自存,虽不必侈语大同,而其所谓同者,是否应保持一最小的限度,而今日所谓强盛之国,苟其内部的不同,愈扩愈大,是否有不能保持现状的危险呢? 这真是可以深思的问题了。民国二十三年九月二十六日,武进吕思勉自序。

第一章 发 端

　　今日的世界，到底是什么世界？机关枪、大炮、坦克车、毒气，日造杀人之器，日以杀人为乐，恬不为怪。虽说是施诸异族异国，实未尝不施诸同族同国。大之如内战；小之如军警之于盗贼，盗贼之于人民。这是有形的。其无形的：则想借劳力以自活的人多，而位置少，一人得业，即必有一人失业。想借工商等业以牟利的人多，而购买力薄，一家得利，必有他家失利。如其都能得利，则消费者受其剥削。这都无异紾人之臂而夺之食。总而言之，人类奉生之具，出于天然。而天然之物，非劳力不能得。所以为人类计："本应协力以对物，不该因物而相争。"因为因物而相争，即对物之力薄了。然而人类之生存，有一部分，实建筑于剥削他人之上。此事究极言之，实无异于人相食。在人相食的世界中，自然是强者为刀俎，弱者为鱼肉。然而物极必反。所谓强者弱者，只是根据某种条件而分。假使据以竞争的条件变了，则强弱可以易位。这便是所谓反乱。我们知道：向来的历史，是每隔数十年或数百年，便要有一次反乱的。乱非少数人所能为，如其大多数人，都不要乱，少数人决无法强他。所以历代的反乱，都以大多数人不能安其生为真原因。合前后而观之，即是人因求食而竞争，因竞争而相食，失败之徒，迫得另取一法以自卫。万事根于人心，人心而思乱，决无法可使之治的。人，似乎是最难测的东西,然而人人而观之,则系如此。若合大多数人而观之,则其程度略有一定。从来随时随地,不患无才;只患无用兵之将,不患无可用之兵;只患纲纪废弛,风气颓败,无所谓某国某族之民,简直不足与有为;即由于此。此其故,由于上智下愚,在各社会中,皆居少数;其大多数,都是中材;凡中材,恒视其环境为转移。苏子瞻说:"有人人之勇怯,有三军之勇怯。人人而较之,则勇怯之相去,若梃与楹;至于三军之勇怯则一也;出于反覆之间,而差于毫厘之际,故其权在将与君。人固有暴猛兽而不操兵,出入于白刃之中而色不变者;有见虵蝎而却走,闻钟鼓之声而战栗者;是勇怯之不齐,至于如此。然闾阎之小民,争斗戏笑,卒然之间,而或至于杀人。当其发也,其心翻然,其色勃然,若不可以已者;虽天下之勇夫,无以过之。及其退而思其身,顾其妻子,未始不惕然悔也。此非必勇者也,气之所乘,则夺其性而忘其故。故古之善用兵者,用其翻然勃然于未悔之间;而其不善者,沮其翻然勃然之心,而开其自悔之意,则是不战而先自败也。"亦于此理见及其一端。前此致乱的原因,如其不去,其结果是决不能免的。社会的弱肉强食,固然已历数千年,然而向来的范围,未尝如此其广;其郁结,亦未尝如此其甚。我们知道:三代以上之所谓内乱,不过如郑国的萑苻之盗,匿居山泽之中,偶或杀人越货而已。大之如盗跖、庄蹻,就不免饰说而非事实。然而秦一天下之后,便尔揭竿斩木,遍于山东;苍头异军,蔓及百越;新安降卒,并命大坑;咸阳宫室,付之一炬;其波澜之壮阔,断非战国以前之人,所能想像了。然则交通的范围愈广,祸乱的规模亦愈大,势有必至,理有固然。鉴观往古,悬念将来,真可为不寒而栗。人类的将来如何? 这真是厝火积薪之下,而寝其上,火未及燃,因谓之安。人将如何脱离这修罗的世界,而进入天国呢?

第二章　论所谓大同者究系实有其事抑理想之谈

"金丹换凡骨，诞幻苦无实"。耶教的天堂，佛教的净土，不是我们所敢希望的。我们所希望的，只是孔子所说的："老有所终，壮有所用，幼有所长；鳏寡孤独废疾者，皆有所养。"更简而言之，便是"养生送死无憾"六个字。

这究是实有的世界呢，还是孔子的希望？假如是实有的，则人类所失去的故物，自可以人力恢复之。历史上的已事，业经证明我们有建造黄金世界的能力，可使我们的胆气一壮。如其仅系理想，理想原非必不可实现，然而其可能性，就较薄弱了。

说大同是实有的世界，照现在的情形看起来，似乎万无此理。然而（一）古人论世运的升降，把皇帝王霸，分作数等的甚多。儒家此等语，固人所习见，即各家亦多有之。今举一二为例。如《管子·乘马》云："无为者帝，为而无以为者王，为而不贵者霸。"又《兵法》云："明一者皇，察道者帝，通德者王，谋得兵胜者霸。"又《史记·商君列传》，载商君见秦孝公之事曰：因孝公宠臣景监以求见，既见，语事良久，孝公时时睡，弗听。罢，而孝公怒景监曰：子之客，妄人耳。安足用邪？景监以让卫鞅，卫鞅曰：吾说公以帝道，其志不开悟矣。后五日，复求见鞅。鞅复见。孝公益愈。然而未中旨。罢，而孝公复让景监。景监亦让鞅。鞅曰：吾说公以王道，而未入也。请复见鞅。鞅复见孝公。孝公然之，而未用也。罢而去，孝公谓景监曰：汝客善，可与语矣。鞅曰：吾说公以霸道，其意欲用之矣。诚复见我，我知之矣。卫鞅复见孝公。孝公与语，不自知膝之前于席也。语数日不厌。景监曰：子何以中吾君？吾君之欢甚也？鞅曰："吾说君以帝王之道，比三代，而君曰：久远，吾不能待。且贤君者，各及其身，显名天下，安能邑邑，待数十百年，以成帝王乎？故吾以强国之术说君，君大说之耳。然亦难以比德于殷周矣。"此等盖传其事者的饰说，非必事实。然分治法为数等，则确有此理。盖将社会彻底改革，其功大，其效自迟。若但图略加整理，或改革一枝一节，其规模小，其程功自易。这是古今一辙的。譬如今日，欲彻底推行社会主义，其事自较难；追随帝国主义之后，苟图富强，其事自较易也。**这固然是理想之谈，不能径认为事实。然而诸子百家，大都认皇古的治化，较后世为隆；大都认隆古之世，曾有一黄金世界。假使全系理想之谈，似不易如此符合。这其间，似当有事实的暗示。（二）古书的记事和寓言，很难分别，这诚然。然非竟无可分别。《礼运》孔子论大同小康一段，按其文体，固明明庄论而非诞辞。孔子说："大道之行也，与三代之英，丘未之逮也，而有志焉。"郑注说："志，谓识，古文。"这是把识字解释志字；更申言之，谓所谓志者，即系汉人所谓古文。志即现在口语中的记字；下笔或作记，或作志；古人则作志作识，都系名动词通用。古文则东汉人通称古书之辞。王静庵《汉代古文考》论之颇详。**予昔撰《中国文字变迁考》曾驳之。但所驳者，限于西汉的初期，至东汉以后，则确有此语。**孔子所谓"三代之英"，即指禹、汤、文、武、成王、周公六君子之世。这是历史上明有其人，明有其时代的，不能指为子虚乌有之谈。然则所谓大道之行者，在今日虽文献无征，而在孔子当日，则必薄有所据；所以与三代之英，同称其有志。此"志"字，必不能释为"志之所之"之"志"。因志之所之，只可有一，不容有二。若释为"志之所之"之"志"，则孔子既志于大道之行，又志于三代之英，于理为不可通矣。《庄子》《春秋》经世，先王之志"的"志"，与此相同。准此看来，所谓大同者，实当确有其世。但① 这究在何世？**

② 以何因缘,而能有此黄金世界? ③ 又以何因缘,而不能保守?
④ 而在现在,又究竟能否恢复呢? 这都是我们急于要问的。诸君
且慢,听我道来。

第三章　论人类仁暴之原

遂古的情形，到底是怎样？古书所载，有说得文明的，亦有说得极野蛮的。

其说得极文明的，如《礼运》所载孔子论大同之言，业已人人耳熟能详，无待再举。又如老子说："郅治之极，邻国相望，鸡犬之声相闻，民各甘其食，美其服，安其俗，乐其业，至老死不相往来。"此数语见《史记·货殖列传》，其见于《老子》书者，辞小异而意略同。老死不相往来，用现在人的眼光看起来，固然不是美事。然而甘其食，美其服，安其俗，乐其业，却是不易得的。这颇可与孔子论大同之语，互相发明了。而如《淮南子·本经训》说："古者机械诈伪，莫藏于心。"而以"分山川溪谷，使有壤界；计人多少众寡，使有分数；筑城掘池，设机械险阻以为备；饰职事，制服等，异贵贱，差贤不肖，经诽誉，行赏罚"，为后世之事。尤与孔、老之言，若合符节。总而言之：分界限而别人我，异善恶而定是非，因之以行赏罚，都不是至治之事。孔、老皆不认为真善。老子所以贵道德而贱仁义者以此。观孔子论大同之言，则孔、老宗旨，并不相背；不过孔子所论，以小康之治为多，而大同不过偶一及之罢了。古人学说传者，皆阙佚已甚。或孔子对于大同，多有论列，而所传者仅此，亦未可知。

其说得极野蛮的，则如《管子·君臣下》篇说："古者未有君臣上下之别，夫妇妃匹之合；兽处群居，以力相征。于是智者诈愚，强者陵弱；老幼孤独，不得其所。"这是说社会内部的情形的。又如《商君书·开塞》篇说："天地设而民生之。当此之时，民知其母而不知其父。其道亲亲而爱私。亲亲则别，爱私则险。民众而以别险为务，则民乱。当此时也，民务胜而力征，务胜则争，力征则讼。讼而无正，则莫遂其性也。"性同生。这是说各社会相互的情形的，与孔老之说正相反。

二说果孰是？我说："皆是也，皆有所据。"

原来人是从动物进化来的，而亦是进化的动物。惟其是从动物进化来的，所以好生恶死，有己无人。饮食男女之欲，苟不得遂，即不恤杀人以自利。惟其是进化的动物，所以有深厚的同情心，为他动物所不逮。又其知力发达，凡能使人起冲突的事情，都能把他措置得妥帖，使冲突因之消灭。人在生物进化途中，是走到这一步了。所以今人说："人有神格，亦有兽格。"这实在就是古人所说："人之所以异于禽兽者几希。"所以人之性，是仁暴并存的。既有爱人之心，亦有利己之念。而普通的人，爱人的心，恒不敌其利己之念。苟非先有以自遂，即不免贼人以自利。事实证明，不论哪一个社会，上知下愚，总居少数；其大多数，总是中人。所以人类的仁暴，恒视乎其所处之境。

然则人所处之境，又是如何呢？

人之资生，不能无借乎物。衣食住行，都是如此。而四者之中，食为尤急。所以人类处境之丰啬，可以其取得食物的方法定之。取得食物的方法有两种：一是取天然之物以自养，一是育天然之物以自养。取天然之物以自养，是为搜集及渔猎。育天然之物以自养，是为畜牧及农耕。

搜集这一个时期，昔人不大注意，其实与初民的生活，关系极大。缘渔猎亦必有相当的械器，初民则并此而无之。搜集则采取植物,或捕捉小动物,又或拾取大动物的尸体。总而言之,是较渔猎更为易于取得之物。《周官》大宰九职,八曰臣妾,聚敛疏材。其所做的,即是搜集时代之事。《礼记·月令》:仲冬之月,"山林薮泽,有能取蔬食,田猎禽兽者,野虞教道之"。这是搜集与渔猎并行。《管子·八观》说"万家以下,则就山泽",可见其养人之众。春秋战国时代,尚且如此,古代就不必论了。

人类所恃以为生之食物,仅能用较渔猎更粗拙之方法取之,则此时代之人,其饥窘可想。然即进而至于渔猎时代,其人亦未尝不饥窘。因为此时代之人,多恃动物以自养,而动物之生殖力有限。即使不虞阙乏,亦为时节所限。如大雪封山,即不能猎;川泽冻结,即不能渔。所以此时代之人,仍以饥窘为苦。后世饥荒的情形,在其时,盖为恒有之事。渔猎时代的人,所操的本是杀伐之业,而又为饥饿所迫,便不免以其对物之杀伐,移而对人。管、商诸子所说古代野蛮的情形,大抵即在此时。

渔猎进而为畜牧,而人类生活的情形一变。此时养命之原,本已不全靠天然,而多少可参以人力。然而所需牧地,面积甚广,而又时患水草的缺乏。而这种人的生活,本是便于移动的,且这种人大抵兼事射猎,渔猎时代杀伐的技能,既未忘却;杀伐的性质,亦未消除。所以在历史上,游牧民族往往成为侵略者。游牧民族杀伐之性质与技能,本沿自渔猎时代。特渔猎时代因食物阙乏,不能合大群;又其所居,率在山泽之地,非如游牧民族之处于平原,故其为患,不若游牧民族之烈。在我国历史上,海藏高原的羌人,不如蒙古高原的匈奴、突厥等可畏,即由于此。又游牧民族,有时不能敌耕稼工商之国者,以其文明程度太低,供战斗用之械器太劣;部勒编制之法,又非所知也。若其渐次进化,而达于一定的程度,则文明国民,往往转非其敌。此事证据甚多,特在此不暇遍举耳。世每讥我国屡遭北族之蹂躏为不武,其实罗马之困于日耳曼,印度之困于伊兰高原诸民族,与我之见陵辽、金、元、清,又何以异?今日白种人势力之盛,似乎野蛮民族决无翻身之理。然亦其进化之时间,尚未许此诸种人,达到可与欧美人争衡的程度耳。然迟早总有达到的一日。到这时候，现在所谓文明民族，将处于怎样的地位，真正可为寒心。所以人类若不从速回头，专借武力财力，以相陵暴，必有今日所不能想像的大祸在其后。现今得意洋洋的人，届时受祸必酷。这并非我好为咒诅。我若专做一篇文字，举史实以证明此理，正见其理极平常，丝毫不足为怪也。这才是老子所说的："天网恢恢，疏而不失。"

从游牧再进到耕农，则人类的生活，益形宽裕；而其性质，亦因之大变。这实缘其所操事业之平和，而其生活程度，亦远高于旧时之故。孔、老所想望的境界，大抵即在此时。

人类生活的情形，及其性质的转变，略说如上。以下再举史实以明之。

第四章　论古代进化的大略和 大同小康的递嬗

　　从来讲社会学的，多说社会经济的进化，是从渔猎到畜牧，畜牧到农耕，其实亦不尽然。社会经济的进化，盖亦视乎其地。就欧洲的已事看来，大抵草原之地，渔猎之民，多进为畜牧；山林川泽之地，则进为农耕。中国古代，似亦如此。

　　中国古代，进化之迹，稍有可征的，当推巢燧羲农。巢燧事迹，见于《韩非子》的《五蠹》篇。《五蠹》篇说："上古之世，人民少而禽兽众，人民不胜禽兽虫蛇。有圣人作，构木为巢，以避群害，而民说之，使王天下，号曰有巢氏。民食果蓏蚌蛤，腥臊恶臭，而伤害腹胃，民多疾病。有圣人作，钻燧取火，以化腥臊，而民说之，使王天下，号曰燧人氏。"其为渔猎时代的君长，显而易见。伏羲氏亦作庖羲氏。后人望文义，遂生出"驯伏牺牲"、取牺牲以充庖厨诸曲说，释为游牧时代的君长。其实伏羲乃"下伏而化之"之义，明见《尚书大传》。巢燧羲农之称，皆后人据其所做的事业而名之，并非其人当时的称号。伏羲之画八卦，古人盖视为一大事。所以《易·系辞传》说："古者庖牺氏之王天下也：仰则观象于天，俯则观法于地。观鸟兽之文，与地之宜。近取诸身，远取诸物。于是始作八卦，以通神明之德，以类万物之情。作结绳而为网罟，以佃以渔。"说作八卦之事甚详，佃渔之事较略。盖古代政教合一，画卦之事，为宗教上一大发明；即在政治上有大影响。所以以"下伏而化之"之义，为之立名。这是就宗教政治上的事业言之，与有巢、燧人、神农，就其利物前民的事业以立名者不同。**至其事迹，则《易·系辞传》明言其"作结绳而为网罟，以佃以渔"。《尸子》亦说："燧人氏之世，天下多水，故教民以渔。伏羲之世，天下多兽，故教民以猎。"其为渔猎时代的君长，更信而有征。谓为游牧社会的首领，却除附会字面、妄生曲解外，更无证据。**

伏羲氏殁，神农氏作。"神农"二字，确为农业的意义。神字有变化之义。又《说文》："神，天神，引出万物者也。"农业必待种子的变化发生而后成，所以称为神农。《礼记·月令》：夏季三月，"毋发令，以妨神农之事。水潦盛昌，神农将持功，举大事，则有天殃"。此"神农"二字，即农业之义。与"伏羲"二字，必待曲解，乃成为畜牧的意义者不同。神农又号烈山氏。烈山，即《孟子》"益烈山泽而焚之"的烈山，乃今社会学家所谓"伐栽农业"。后人谓因起于随县北之厉山，故以为氏，则因厉、烈同音而附会耳。其实春秋时鲁有大庭氏之库，实为神农遗迹。神农的都邑，固明明在山东而不在湖北也。

还有一个证据，足以证明我国古代的农业，是从渔猎时代进化来的。我国最古的建筑物，名为明堂。是古代政治之枢，亦是古代神教之府；为一切政令教化之所自出。读惠定宇《明堂大道录》可见。阮芸台说得好，明堂是最古的建筑物。其时文明程度尚低，全国之中，只有这一所房屋。天子就住在里头，所以就是宫殿。祭祖宗于此，所以就是宗庙。古代的学校，本来是宗教之府，所以明堂就是辟雍。其时并无诸多官府，所以一切政令，都自明堂中出。后世文明程度高了，一切事都从明堂中分出。于是明堂仅成为一个空空洞洞的东西；久之且不知其作何用，而有欲毁之者，如齐宣王告孟子"人皆谓我毁明堂"是也。至此时而返观古代的明堂，乃于政治教化，无所不包，就觉其神秘不可思议了。然而其在上古，自为极重要的机关。**明堂亦称辟雍**。辟即璧，乃肉好若一的圆形的玉。圆形的玉所以称为璧，则因辟的一音，本有周圜的意义。人若兜一个圆形的圈子，即称还辟。《下曲礼》："大夫士见于国君，君若劳之，则还辟再拜稽首；君若迎拜，则还辟不敢答拜。"雍、壅同字，是积高之意。雍州之名，即因其积高而得。明堂的建筑，汉武帝时，公玉带上其图。"水环宫垣。为复道，上有楼，从西南入，名曰昆仑"。见《史记·封禅书》。这明是岛居的遗象。盖古人对于猛兽等，无防御之力，所以借水为屏障以自卫。后来虽能居于平地，仍不忘其遗制。不但明堂，筑城必凿池，亦是从此蜕化而来的。古无岛字，洲字即岛字。洲、岛同音。《禹贡》"岛夷皮服"，"岛夷卉服"，岛皆当作鸟，谓鸟语也。《伪孔传》读鸟为岛，则其行文亦作鸟，今本径改为岛，非是。洲、州之为一字，尤显而易见。然则"人所聚"和"水中可居之地"，同用一语，可谓岛居的确证。明堂行政，精义何在？一言蔽之，在于顺时行令。行令何以必顺时，则全因重视农业之故。因为非时兴作，最足以妨农功；而古人有许多辅助农业的政令，若其当行而不行，亦于农业有害也。《论语》：颜渊问为邦。孔子告以"行夏之时，乘殷之辂，服周之冕，乐则《韶》舞"。这四句话，似乎很为迂阔。其实行夏之时四字，已包括一篇《月令》。一年之中当行何事，当于何时行之，以及何时不可行何事，悉具其中。举而措之，一国大政，业已纲举目张矣。并非徒争以建寅之月为岁首也。至于乘殷之辂，乃为尚质之事举其例；服周之冕，则为尚文之事引其端。乐则《韶》舞，乃功成治定后事。故此四语，包蕴甚富。然则渔猎时代，政治之枢，神教之府，至农业时代，仍然不失其尊严。古代农业，系从渔猎时代进化而来，也大略可见了。

　　古有所谓三皇五帝者，虽然异说纷如，要以《尚书大传》燧人、伏羲、神农为三皇，《史记·五帝本纪》黄帝、颛顼、帝喾、尧、舜为五帝之说，为较可信。三皇异说有四：（一）司马贞《补三皇本纪》引《河图》及《三五历》：谓天地初立，有天皇氏，兄弟十二人，各一万八千岁。地皇十一人，亦各万八千岁。人皇兄弟九人，分长九州。凡一百五十世，合四万五千六百年。纬候荒怪之说，不甚可信。（二）《白虎通》正说同《尚书大传》，或说以伏羲、神农、祝融为三皇。（三）《礼记·曲礼》《正义》说：郑玄注《中候敕省图》，引《运斗枢》，以伏羲、女娲、神农为三皇。（四）《史记·秦始皇本纪》：丞相绾与博士议帝号，说："古有天皇，有地皇，有泰皇，泰皇最贵。"案伏生系秦博士之一。《尚书大传》："燧人以火纪，火太阳，故托燧皇于天。伏羲以人事纪，故托羲皇于人。神农悉地力，故托农皇于地。"则第四说与《大传》同。《补三皇本纪》说"诸侯有共工氏，与祝融战。不胜，而怒，乃头触不周山，天柱折，地维缺。女娲氏乃炼五色石以补天"云云。前称祝融，后称女娲，则祝融、女娲系一人。《白虎通》或说，与《运斗枢》同。燧人风姓，女娲亦风姓，总之与伏羲系同一族的酋长也。五帝异说，只有郑玄注《中候敕省图》引《运斗枢》，加入一少昊，谓"实六人而称五者，以其俱合五帝座星"也。案《后汉书·贾逵传》："逵奏《左氏》之义，长于二传者，说：五经家皆言颛顼代黄帝，而尧不得为火德。《左氏》以为少昊代黄帝，即图谶所谓帝宣也。如令尧不得为火，则汉不得为赤。"盖秦汉之世，有五德终始之说。一说从所不胜。水胜火，土胜水，木胜土，金胜木，火胜金。秦人以周为火德，故自以为水德。汉初亦主此说，故自以为土德。后来改主相生之说。木生火，火生土，土生金，金生水，水生木。汉人自谓尧后，故必以尧为火德。舜土，禹金，殷水，周木。秦为闰位，不列于行序。至汉则复为火德矣。自尧以上追溯之，黄帝的黄，系中央土色，故黄帝为土德，不能改动。黄帝之后，颛顼为金德，帝喾为水德，则尧当为木德。今加入一少昊，称为金天氏，以当金德，则颛顼为水德，帝喾为木德，而尧恰为火德矣。此系古文《左氏》家，与今文《公羊》家及先立学之古文《穀梁》家争立学的手段，不足为据。所以《尚书大传》三皇之说、《史记·五帝本纪》五帝之说，最为可信。《五帝本纪》之说，与《大戴礼记》同，亦今文经说也。前于三皇者，大抵荒渺难稽。三皇以后，则渐有氏姓世系可考。燧人氏，郑注《通卦验》说是风姓。伏羲氏亦风姓，其后有任、宿、须句、颛臾等国，见于《左氏》僖公二十一年。神农氏为姜姓，和黄帝以后的世系，则众所共知，不烦征引。知道古帝王的氏姓世系，固然不能算在古史上得有多大的知识，然而氏姓世系，乃《周官》小史之职，有此，即知其人为历史上之人物，而非神话中之人物。古史虽然简略，于兴亡篡弑等大事，不能置之不提。如后羿篡夏之事，《史记》虽不载其详,然亦言太康失国,昆弟五人,须于洛汭。《史记·夏殷本纪》,大略只载世系,便是根据小史所记帝系、世本一类之书的。假使燧人、伏羲、神农递嬗之间,亦有如阪泉、涿鹿争战之事,古史中不应无形迹可求。而今竟绝无形迹,这可推想,自燧人至神农,实在平和之中,由渔猎进化到耕稼了。

至其地域,则有巢氏治石楼山,在琅邪南。见于《遁甲开山图》。人皇氏,即燧人,出旸谷,分九河,见于《春秋命历序》。伏羲都陈。神农亦都陈,徙鲁;见《史记·五帝本纪》正义所引诸说,都在今河南山东。可推想这一群渔猎之民,实根据山东半岛的山地,和鲁西豫东一带川泽之地,后乃进于耕农。

从燧人到神农,虽然保持和平的关系,然而神农氏数传之后,却有一轩然大波,起于河北,是为炎、黄二族的争斗。黄帝,《史记·五帝本纪》,称其"迁徙往来无常处,以师兵为营卫"。即此二语,已可想见其为游牧之族。又称其东征西讨,"东至海;西至空同;南至江;北逐荤粥,合符釜山"。此等远迹,亦非游牧之族不能至。"黄帝邑于涿鹿之阿"。涿鹿,山名。服虔说在涿郡。张晏说在上谷。服说盖是。张说恐因后世地名而附会。涿郡,即今河北的涿县。这一带,正是平坦适于游牧之地。《商君书·画策》篇:"神农之世,男耕而食,妇织而衣;刑政不用而治,甲兵不起而王。神农既殁,以强胜弱,以众暴寡。故黄帝作为君臣上下之义,父子兄弟之礼,夫妇妃匹之合。内行刀锯,外用甲兵。"这数语,可为炎帝之族尚平和,黄帝之族好战斗的铁证。推想古时,似乎河南之地,适于农耕;河北之地,宜于畜牧。所以炎、黄两族,因地利之不同,生事遂随之而异。一旦发生冲突,爱好平和的农耕之民,自非乐于战斗的游牧之民之敌;而阪泉、涿鹿之役,炎族遂为黄族所弱了。农耕的共产小社会,内部的组织,最为合理;相互的关系,亦极平和。孔子所谓大同,老子所谓郅治,实在就是指这一种社会言之。自为游牧之民所征服,于是发生阶级。上级之人,剥削下级的人以自养。其善者,不过小康之治。并此而不能维持,就入于乱世了。世运的升降,大略如此。

第五章　论大同之世的情形

　　大同之世，究竟是怎样一个情形？在今日已文献无征，只得从小康时代的情形中，推想其大略了。

　　原来征服之族，虽能征服人而吸其膏血，而自居于寄生者的地位，然而社会的组织，以及其余诸文化，则必因仍被征服之族之旧。因为征服之族，不过要吸取被征服之族之膏血，若把它的社会，彻底破坏，则被征服之族，成为枯腊，而征服之族，也无所施其吸取了。辽、金、元、清所以不敢大破坏汉族的社会组织，即由于此。蒙古灭金后，太宗近臣别迭说：汉人无益于国，不如空其人，以其地为牧地。又速不台攻汴时，想城破后全行屠戮。耶律楚材力争，说：奇巧之工，厚藏之家，都在于此，乃已。俱见《元史·耶律楚材传》。我们固不敢说征服者绝无同情心，只是替自己打算。然而这种心理，亦不能说没有的。

　　把一部《世本》看起来，黄帝之世，真是一个黄金时代。远而天文、律历，大而井田、封建，小而舟车、弓矢、医药、衣服，莫不肇始于此时。甚至荒诞的神仙家，亦以黄帝为口实。固然，古代的事，往往把许多无名的英雄抹杀了，而强附诸一有名的人。又或把众人所做的事，硬栽在一个人身上，然亦决没有一时代之中，发明家如此其多之理。因此可知：黄帝时代的文明，必系采取他族，而非其所自为。然则采自何方呢？可不问而知其为被征服的炎族了。"周因于殷礼,所损益可知也",而世都称周公制礼作乐,更没人追想到殷朝。这和黄帝掠取羲农之族的文化,而独尸创造之名,正是同一情况。

　　黄帝以后,传颛顼、帝喾二代而至尧舜。颛顼、帝喾无甚实事可见。《大戴礼记》和《史记》小异大同,所以称扬他们的,都只是几句空话。大约这两代,在五帝之中,是比较无关系的。舜之后是禹,便是三王之首了。尧舜时代的政治,大约和夏代差不多。殷因于夏,周因于殷,虽有损益,大体总是相沿的。夏殷似非一民族,夏周或较近,看君位继承之法可知。殷之继承法,与句吴很相像。然是否同一民族是一事,其治法相袭与否,又是一事。因为较野蛮之族,征服较文明之族,多少是要采取其治法的。而当时所谓天子之国者,其文化程度,必较侯国为高。所以民族之同异,与其治法之相沿与否,并无关系。所以三代的治法,必有一部分,是保存羲农以前之旧的。我们正好因此推想大同时代的情形。

　　然则三代的治法,哪一部分是羲农以前之旧? 哪一部分是黄帝以后所改革的呢? 我说凡社会组织,表现自由平等的精神的,必系大同时代的旧制。其表现阶级性,和显分人我之界的,必是黄帝以后,逐渐创造,或添设出来的。我们试本此眼光,把三代的制度,作一分析。

　　谁都知道:古代社会的根柢是农业。大同时代的农业,却是怎样情形呢? 我说:很均平的井田制度,必是大同时代的遗制。孔子说大同时代"男有分",分即是各人所分得的田。使用起来,虽有此分配之法,而田初非其所有,所以有还受之法。又可以换主易居。而每一个人,其为社会服务,亦有一定的年限。《汉书·食货志》:"民年二十受田,六十归田。七十以上,上所养也。十岁以下,上所长也。十一以上,上所强也。"案十一岁未能耕田,古人言语粗略,过十岁即可以云二十,过六十即可云七十。如以今人言语述之,当云:"民二十一受田,六十归田。六十一以上,上所养也。二十以下,上所长也。"可参看《礼记·曲礼》"人生十年曰幼"一节正义。《公羊》宣公十五年《解诂》:"上田一岁一垦,中田二岁一垦,下田三岁一垦。

肥饶不得独乐，墝埆不得独苦，故三年一换土易居。"按这是爱田的一法。《汉书·食货志》："上田夫百亩，中田夫二百亩，下田夫三百亩。岁耕种者为不易，上田；休一岁者为一易，中田；休二岁者为再易，下田。三岁更耕之，自爱其处。"这又是爱田的一法。《汉书》之说是本于《周官》遂人的。大约地广人稀之处，可行后法。地狭人稠之处，则行前法。若使征服阶级的士大夫，来定起制度来，怕没有如此宽大了。

田，平地以外的土地，古人总称为山泽。这是作为公有的，不过使用起来，要守一定的规则而已。《王制》："林麓川泽，以时入而不禁。"又："獭祭鱼，然后渔人入泽梁。豺祭兽，然后田猎。鸠化为鹰，然后设罻罗。草木零落，然后入山林。昆虫未蛰，不以火田。不麝，不卵。不杀胎，不夭夭，不覆巢。"古人所以如此，乃为珍惜物力起见。《孟子》所谓"数罟不入污池，鱼鳖不可胜食，斧斤以时入山林，材木不可胜用也"。《荀子·王制》亦说："养长时则六畜育，杀生时则草木殖。"《淮南·主术》亦说："草木之发若蒸气，禽兽之归若流泉，飞鸟之归若烟云，有所以致之也。"因其使用本无须乎分也。

工业：简单的器具，人人会自制的，本不成其为专业。较难的器具，则特设专司其事之人，制造以供众用。这是后来工官之制所本。《考工记》说："粤无镈，燕无函，秦无庐，胡无车。粤之无镈也，非无镈也，夫人而能为镈也。燕之无函也，非无函也，夫人而能为函也。秦之无庐也，夫人而能为庐也。胡之无弓车也，夫人而能为弓车也。"注："此四国者，不置是工也。言其丈夫人人皆能作是器，不须国工。"然则非人人所能作之器，其必须国工，更无疑义了。所以《考工记》又说："知者创物，巧者述之，守之世，谓之工。"案波格诺达夫的《经济科学大纲》说："东印度的农业共产社会，纺织是家内副业，由各家族分别经营。其铁工、木工、陶器工、理发师等，则由共社任命，不从事农业。把公费来维持生活。"据施存统译本。大江书铺出版，第三章第五节。这正是后世的工官，原始共产社会的一个好例。

破坏共产制度最利害的，要算商人，说见后文。然而此时的商人，则是生产消费者之友而非其敌。因为这时候，本部落之中，无所谓交易，交易是行于部落之外的。自给自足的社会，在平时，必能自给自足，断无求之于外之理。《盐铁论·水旱》篇说："古者千室之邑，百乘之家，陶冶工商，四民之求，足以相更。故农民不离畎亩而足乎田器，工人不斩伐而足乎陶冶，不耕而足乎粟米。"《管子·权修》说："市不成肆，家用足也。"都可见古者各个小社会，都能自给自足。如此情形，在平时自然无甚贸易了。其有求于外，必系凶荒札丧之日，或则干戈扰攘之年。当此之时，若无商人以求得必要之物于外，本部落的情形，势必不堪设想。此时的商人，既非以自己的资本，把货物屯积下来，然后出卖，则其损益，都是归之于部落的。在商人，不过代表本部落出去做交易而已，必要的消费品，万一缺乏，固非商人求之于外不可，过剩的生产品，亦非商人运输出外，不能得较大的利益。如此，商人跋涉山川，蒙犯霜露，且负担寇贼劫掠的危险，代表本部落出去做卖买，而自己不与其利，如何不是消费、生产者之友呢？《左氏》昭公十六年，郑子产对韩宣子说："昔我先君桓公，与商人皆出自周，庸次比耦，以艾杀此地，斩之蓬蒿藜藋而共处之。"迁国之初，所以要带着一个商人走，就因为新造之邦，必须之品，庸或有所阙乏之故。卫为狄灭，而文公注意通商——闵公二年——亦同此理。

　　此等小社会，其生活的基础，全靠农业，所以其经济的规划，全以农业的收获为标准，《礼记·王制》说："冢宰制国用，必于岁之杪。五谷皆入，然后制国用。用地小大，视年之丰耗，以三十年之通制国用，量入以为出。"所谓"三十年之通者"，下文说："三年耕，必有一年之食，九年耕，必有三年之食。以三十年之通，虽有凶旱水溢，民无菜色。"不但通众力而合作，亦且合前后而通筹，自有赢余，以备荒歉，自然用不到从事于掠夺了。宰是征服之族，管理财政之官，实在是被征服之族的榨取者。不论家与国，管理财政的，都谓之宰。所以冉求为季氏宰，而为之聚敛。见《论语·先进》。《孟子·离娄上》篇则谓其"赋粟倍他日"。孔子亦对颜渊说："使尔多财,我为尔宰。"见《史记·孔子世家》。然而其财政计划,有条不紊如此。谓非大同时代,有组织的社会的遗规,其谁信之?《汉书·食货志》:"三考黜陟,余三年食,进业日登。再登日平,余六年食。三登日泰平,二十七岁,遗九年食。然后王德流洽,礼乐成焉。故曰:如有王者,必世而后仁。"知古之所谓太平者,不过蓄积有余,人人皆能丰衣足食而已。

　　既无所谓私产,其分配,自然只论需要,而无所谓报酬。所以不能劳动的人,其分配所得,亦和众人一样。《王制》说:"喑、聋、跛、躃、断者,侏儒,百工各以其器食之。"郑注说:"使执百工之事。"好像现在对于残废的人,一一为谋职业者然。恐非记者之意?《荀子》的《王制》篇和《礼记》的《王制》篇相出入,而荀子说:"五疾上收而养之。"然则"百工各以其器食之",亦是说百工各以其器,供给他用。食字原有引伸的意思,如《左氏》文十八年之"功在食民"是,本不专指饮食。若定要责令他执百工之事,何谓"收而养之"呢?现在的人,看见外国有所谓盲哑学校等等,对于残废的人,亦能为谋职业,便五体投地,不胜佩服,赶快要想学步。我要问:资本主义的国家,一食而罄贫民终岁之粮,一衣而费中人十家之产的何限?是何理由,这几个残废的人,不能养活他,定要迫令执业呢?迷信的人,一定说:盲哑的人,闲得难受,亦要做些事情,消遣消遣。请问:教他们学习执业的动机,是为他们闲着难受,替他谋消遣的么?话是由得你说。然而抚心自问,吾谁欺,欺天乎?《礼记·乐记》上说:"强者胁弱,众者暴寡,知者诈愚,勇者苦怯;疾病不养;老幼孤独,不得其所,此大乱之道也。"几个盲哑的人,不能养活,定要迫令执业,我只认为是"疾病不养"而已。

　　社会的内部如此,就彼此相互之间,也都表示着好意。我们都知道:古代有所谓乞籴,就是一个部落,粮食不足,向他部落讨取之谓。人，最要紧的是活命；活命，最要紧的是饮食。人和人，是最应当互相人偶的。所以没饭吃，向人讨，这是最平常的事。有饭吃，分给人，这是最应当的事。然而现在，却变为最难开口、最为罕见的事。"上山擒虎易，开口告人难"。一饭之恩，至于要相诒以冥报。倘使不习于社会病理的人，骤然见之，真要失声痛哭了。大同时代则不然。齐桓公葵丘之盟，"无遏籴"是其条件之一。《穀梁传》僖公九年，《孟子·告子下》。"晋饥乞籴于秦。秦伯谓百里：与诸乎？对曰：天灾流行，国家代有。救灾恤邻，道也。行道有福"。《左传》僖公十三年。不但口实，襄公三十年，"晋人、齐人、宋人、卫人、郑人、曹人、莒人、邾娄人、滕人、薛人、杞人、小邾娄人会于澶渊。宋灾故。诸侯相聚，而更宋之所丧，曰：死者不可复生尔，财复矣"。《公羊》、《穀梁》云："其曰人何也？救灾以众，何救焉？更宋之所丧财也。"这同现在的保险，是一样的意思。不论天灾人祸，一人独当之，往往至于不能复振，若其摊在众人身上，原算不得什么。所以现在有保险的办法，一人受损，众人弥缝。在事实上，固能减少受损者的损失，甚而至于不觉得损失，然而在道德上，必须先出了保费，才有人来填补你，还只算自己保自己。这许多，固然是小康时代的事。然而其规制，一定是大同时代遗传下来的。我相信：在大同时代，行起来，还要彻底，还要普遍。

不但危难之中，互相救援而已，即平时，亦恒互相帮助。《孟子》说："汤居亳，与葛为邻。葛伯放而不祀。汤使人问之曰：何为不祀？曰：无以供牺牲也。汤使遗之牛羊。葛伯食之，又不以祀。汤又使人问之曰：何为不祀？曰：无以供粢盛也。汤使亳众，往为之耕。"《滕文公下》。这件事，用后世的眼光看起来，简直是不可解。信他的人，一定说：这是汤的一种手段，利用葛伯杀掉馈饷的童子，然后去征伐他。不信的人，就要说孟子采听谣言，或者编造鬼话了。

殊不知造鬼话要造得像。采谣言，亦要这谣言有些像。假使古代社会，本无代耕的习惯，孟子岂得信口开河？亦岂得无识至此？可知孟子的时代，虽未必有代耕的事，而古代社会，可以有代耕之事，这一层还是人人能了解的。不然，孟子的话，岂不成为傻话呢？又使古代的社会，本无代耕的习惯，汤算用的什么手段？岂不要给旁人大笑？司马昭之心，路人皆知，岂非弄巧成拙？而且亳众也何能唯唯听命，不视为怪事呢？可知代人家做事；吃自己的饭，做人家的事，在古代原不算得什么。"货恶其弃于地也，不必藏于己；力恶其不出于身也，不必为己"。在古代，只因事实上，各部落互相隔绝，所以推广的机会很少。论其时的人的心理，原是无间于彼此的。

《墨子》说："今若有能信效 孙诒让《闲话》："效读为交。" 先利天下诸侯者：大国之不义也，则同忧之。大国之攻小国也，则同救之。小国城郭之不全也，必使修之。布粟之绝则委之。币帛不足则共之。"《墨子·非攻下》。这也并不是空话。齐桓公合诸侯而城杞，僖公十四年。就是所谓城郭不全使修之。卫为狄灭，立戴公以庐于曹。齐桓公"归公乘马；祭服五称；牛羊豕鸡狗皆三百；与门材。归夫人鱼轩，重锦三十两"。《左传·闵公二年》。就是所谓"布粟之绝则委之，币帛不足则共之"。"大国之不义，则同忧之，大国攻小国，则同救之"。一部《春秋》之中，更是不胜枚举。这些，都该是大同之世，留诒下来的，这就是孔子所谓"讲信修睦"。

人类是不能没有分业的。政治也是分业的一种。说太平世界，就能够没有公务；或者把公务拆散了，变做私务，人人自己去办，这是无此情理的。然而世界上，政治往往成为罪恶，政治家往往成为罪恶的人，这是什么原故？这并非政治是罪恶；亦非一经手政治，便要成为罪恶的人。实缘我们所谓政治者，性质不纯，本含有罪恶的成分在内。怎样叫我们的政治性质不纯呢？原来我们的政治，含有两种元素：一是公务，一是压迫。惟其常带权力压迫的性质，所以政治会成为罪恶，而政治家亦成为罪恶的人。若其不然，政治只是众人的事务所聚集起来的公务而已，则亦如我们几个人的结社，委托一人为干事。以何因缘，而今成为罪恶？而这个人，亦何须特别的身份？何须吃特别的俸禄呢？许行说："贤者与民并耕而食，饔飧而治。"《滕文公上》。这并非故为高论，在古代原是如此的。乌桓大人，"各自畜牧营产，不相徭役"，《后汉书·乌桓传》。便是一个证据。孔子说大同时代，"选贤与能"，所选举出来的贤能，其地位，亦不过如此。"神农"两字，是农业的意思，已见前。神农之言，即农家之学。为神农之言，即治农家之学。所以《汉书·艺文志》论农业，说："鄙者为之，欲使君臣并耕，悖上下之序。"这话明是指许行。许行是治农家之学的人，是无疑义的。许行之言，即农家之言。其所主张，正是大同时代的治法。大同时代的文化，是农业的文化，得此又添一证据。

　　或者疑惑：既要经手公务，又要耕田和做饭，哪得这许多功夫？殊不知国家扩大了，公务才繁忙，才有一日二日万几之事。小小的一个社会，其治者，不过如今日村长闾长之类，有何繁忙，而至于没有工夫？况且并耕而食，饔飧而治，原不过这么一句话。其意思，不过说当时的治者，既无权力，亦无权利。并非说一定要耕田，一定要做饭。依我看：耕田是当日普通的职业。治者既没甚繁忙，自用不着废掉耕种。至于做饭，则在当时，怕本没有家家做饭自己吃这一回事罢？

　　我们知道：后世还有所谓醵。醵是什么？《说文》说："合钱饮酒也。"饮酒为什么要合钱呢？何不独酌？我们又知道：饮酒全无禁令，只是近数百年来的事，前此是没有荡然无禁的。而愈到古代，则其禁愈严。一个人在家独酌，政治无论如何严酷，都不能户立之监。群饮就容易犯法了。汉世所谓赐酺，就不过许人群饮，并不是真有什么东西，赏给人吃。这个也算作恩典，可见当时的人，对于群饮嗜好之深。最可怪的：《书经·酒诰》上说："群饮，汝勿佚。尽执拘以归于周，予其杀。"酒禁之严如此，真使人闻之咋舌，如此，何得有群饮的人？这句话还说他做甚？然而既说这句话，就见得当时的风气，实还有群饮的可能。为什么如此敢于冒法呢？我说：这不过习惯之不易改，习惯之不易改，则因古代本是合食惯了的，并非家家自己做饭吃。到后来，私产制度行了，有饭吃，无饭吃，家家不同；吃好的，吃坏的，人人而异；自然只得各做各吃，然而吃酒，古人是不常有的事；而且当作一件寻欢乐的事。"独乐乐，孰若与人？与少乐乐，孰若与众"？所以共食之制度虽废，共饮的习惯犹存。习惯既入之已深，就任何严刑峻法，一时也难于禁绝了。食料的作为公有，也是古人共食的一个佐证。《诗经》说："言私其豵，献豜于公。"《豳风·七月》。这是田猎时代的规则，小者自私，大者公有。小者自私，并不是承认你有自私的权利。只为小者可以独尽；归公以后，再行分配，也还是分给一个人，所以乐得省些手续。至于农业时代，一切粮食，亦仍是作为公有的。所以孟子述晏子的话，说："今也师行而粮食。"《梁惠王下》。粮即量。量食，就是把全社会的食料，一切作为公有，再行平均分配。在当时，固然成为虐政，此近乎宋人之所谓"括籴"。然而追原其始，正可见得古代一切食料公有的制度。一切食料公有，又安有家家自炊之理呢？我们现在，只家家做饭自己吃，已够表现我们自私的丑态了，而且也不经济。"破屋明斜阳，中有贤妇如孟光。搬柴做饭长日忙，十步九息神沮伤"。林琴南《戒缠足诗》，今断章取义引之。人啊！为什么把宝贵的精力，不经济地花在这琐屑的事上呢？

第六章　从大同到小康

　　假使地面的情形,和现在大异,人不能借渔猎游牧以自活,而只能从事于农耕,则人类的历史,必和现在大异。为什么呢? 因为农耕之族,是不乐战争的。即使战争,亦和渔猎游牧之民战争有异。农业社会,不好侵略,止以防他人的侵略为目的,故其用兵,亦以守御为主。所谓"重门击柝,以待暴客"也。见《易·系辞传》。墨子非攻尚守御,此其远源。古有所谓义师,盖亦农业社会战争时共认之法。略见《吕览·怀宠》、《淮南·兵略》两篇。不以侵略为目的,用兵本不过如此也。地面上而尽为农耕之族,则其相互之间,战斗的空气,必极淡薄;而其内部,平和的空气,却极浓厚。人的性质,是随环境而变的。处于这种空气之中,则其性质,必和现在的人类大异。如此,彼此相遇时,或者能本于善意,互相谅解,谋一和平结合的方法,亦未可知。即有战争,亦或者能不远而复,而惜乎其不能也。渔猎游牧之族,战争即是其生产的方法。其性质又极活动,在英主指挥之下,易于集合。和农耕民族,性质重滞,安土重迁;平时不甚来往,临时难于结合的,迥不相同。炎、黄两族的成败,其最大的原因,似即在此。炎为黄弱,我们黄金的大同时代,就成过去,而入于小康时代了。然则小康时代的情形,又是怎样的呢?

　　略读古书的人,都知道古代有所谓宗法。大多数人的意见,都以为此制是起自周朝的，其实不然。此制怕是所谓黄族者所固有，何以见得呢？所谓宗法，是以家族中的一个男子做始祖。其继承之法，特重嫡长。始祖之嫡长子，是大宗之子。其次子以下，别为小宗。以后代代皆然。小宗宗子的嫡长子，亦是世代相继，为小宗之宗子的。小宗五世而迁，就是说小宗宗人，服从小宗宗子管辖的，以在五服之内为限。大宗则百世不迁。凡始祖之后，不论亲疏远近，都该服从他。所以有一大宗宗子，则凡同出一祖的人，都能够团结不散。即以小宗宗子而论，亦能团结五服以内的人。较之一盘散沙者，大不相同。所以此制于竞争极为有利。世所以称为周制者，（一）因此制至周始有可考；（二）则此制特重嫡长，而五帝皆非父子相传，殷又行兄终弟及之制之故。然书传又无可考，不能因以断定其事之有无。因为古代的书，传于后世的，太阙乏了。至于五帝及殷，都非传子，则君位的继承，和家长的继承，本非一事。女真、蒙古，都不是没有父子相传之法的。而金自景祖至于太祖，生女真部族节度使的承袭，都由景祖以命令定之；蒙古汗位的继承，和其家族的继承无关，那更显而易见了。《金史·世纪》："景祖九子：元妃唐括氏生劾者，次世祖，次劾孙，次肃宗，次穆宗。及当异居，景祖曰：劾者柔和，可治家务。劾里钵有器量智识，何事不成？劾孙亦柔善人耳。乃命劾者与世祖同居，劾孙与肃宗同居。景祖卒，世祖继之。世祖卒，肃宗继之。肃宗卒，穆宗继之。穆宗复传世祖之子，至于太祖，竟登大位焉。"案此事与殷人的兄终弟及颇相类。蒙古自成吉思汗以前，有汗号者凡四世。其第一人为海都。海都殁后，汗位空阙。至其曾孙哈不勒，乃复称汗。哈不勒死后，其再从兄弟俺巴孩继之。为金人所杀。遗言告其子合答安，及哈不勒子忽图剌，为之报仇。蒙古人共议，立忽都剌。见《元秘史》。忽都剌死后，汗位复阙。至成吉思汗强，乃复被举。盖有其人则举之，无其人则阙，与家族继承之法，了无关系。成吉思汗以诸部族推戴而即汗位。太宗、定宗、宪宗亦皆如此。世祖始不待正式的忽力而台。忽力而台者，蒙古语，译言大会。然仍有若干宗王，貌为推戴。即位后，立太子真金，始用汉法。真金早死。成宗之立，仍以宗藩、昆弟、戚畹、官僚合辞推戴为言。武宗亦然。至仁宗即位之诏，乃谓大宝之承，既有成命，非前圣宾天而始征集宗亲，议所宜立者比。旧法至此，始破坏净尽。我国五帝官天下，至夏禹而传子之局始定，疑亦有此等变迁。孟子说舜禹之立，必待朝觐、讼狱之归，亦颇和蒙古人的忽烈而台，有些相像。又案蒙古称幼子为斡赤斤，义为守灶。然太宗时命拔都等西征，诸王驸马，和万户、千户，各以长子从行，谓之长子出征。因为所征的都是强部，长子出征，则兵强而多。于此，可见财产虽归幼子承袭，统率之权，仍归长子。盖年长之子，或早与父母异居，惟幼子则不然，所以在事实上，父母的家庭，自以幼子承袭为便。长子不异居的，则管理之权，全归长子。古人本没有所有权的观念，只有管理之权，属于何人的事实耳。但管理之权既属于其人，在事实上，即与财产为其所有无异，久之，遂变为长子袭产。至于统率之权，以长子承袭为便，则事理明白，更无待多言。总而言之，承袭有种种方面，不能一律也。所以自殷以前，王位不以嫡长子承袭，并不能证明自殷以前，不行宗法。而周代宗法，颇为完整，断非短时间所能发达至此，却是显而易见的。假定周朝当后稷之时，已有宗法的存在。则《帝系》上所称为后稷之父的帝喾，其时代亦不能断定其无宗法；而帝喾不过是黄帝的曾孙，我们就可推想，宗法为黄族的古制了。系世为《周官》小史之职，已见第四章。《大戴礼记》的《帝系姓》，即此类记载之仅存者。子上说："楚国之举，恒在少者。"《左氏》文公元年。楚在江域，或沿三苗之俗，三苗乃姜姓之国。以此推之，似乎炎族并无像周朝一般的宗法。同出一始祖的人，至于年深代远，则其关系甚疏。所以今《戴礼》，欧阳、夏侯《尚书》说九族，父之姓，只与五属之内为限。而益以父女昆弟适人者与其子，己女昆弟适人者与其子，己之子适人者与其子。又母族三：母之父姓，母之母姓，母女昆弟适人者与其子。妻族二：妻之父姓，妻之母姓。见《诗·葛藟》正义引《五经异义》。这都是血缘相近，真是《白虎通义》所谓"恩爱相流凑"的。然而没有统率，所以在竞争上，不如宗法之制之适宜。《礼记·文王世子》："战则守于公祢，孝爱之深也。正室守大庙，尊宗室，而君臣之道著矣。诸父诸兄守贵室，子弟守下室，而让道达矣。"即此数语，便见宗法社会团结的紧密，组织之整齐，于竞争上非常有利。

《仪礼·丧服传》："禽兽知母而不知父,野人曰:父母何算焉? 都邑之士,则知尊祢矣,学士大夫,则知尊祖矣。诸侯及其太祖,天子及其始祖之所自出。"天子、诸侯、学士大夫、都邑之士,即所谓国人,都是征服之族。野人则被征服之族。可见其一以团结而获胜,一以散漫而致败。宗法之制,不但聚族而居之日,可借此紧密其团结,整齐其组织,即至彼此分离之后,亦仍可借此以相联系。众建亲戚,以为屏藩之制,即由此而生。固然"后属疏远,相攻击如仇雠",然而当其初,不能说没有夹辅之效。"周室东迁,晋、郑是依",即其明证。不然,恐九鼎之亡,不待赧王入秦之日了。众建亲戚,以为屏藩之制,疑亦黄族旧法,不过至周始有可考。黄帝征师诸侯,与蚩尤战,疑所征者即系同姓的诸侯,未必异姓之国,真因炎帝的侵陵而归之也。

宗法是几经进化后的制度;要明白宗法,必先知道宗法的由来,有必要追溯到社会原始的状态。社会原始的状态,是怎样的呢? 人类当原始时代,是无组织之可言的。不过男子为一群,女子为一群,幼童为一群,此时的人,因为谋食的艰难,及饥饿时或者至于人相食,能终其天年者很少,所以没有老者之群。各自逐队,从事于搜集而已。进而至于渔猎,则男子专务驰逐,而女子多坐守后方,做些较和平的事业。幼孩则多随其母。于是男女之分业稍显,而母子的情感益亲。然而夫妇之伦,还未立也。此时结婚,大抵专论行辈。此事予昔有一文论之,今节录于此,以资参考。原文曰:社会学家言:浅演之世,无所谓夫妇,男女妃合,惟论行辈,我国古代,似亦如此。《大传》:"同姓从宗合族属,异姓主名治际会,名著而男女有别。其夫属乎父道者,妻皆母道也;其夫属乎子道者,妻皆妇道也。谓弟之妻为妇者,是嫂亦可谓之母乎? 名者,人治之大者也,可无慎乎?"曰"男女有别",曰"人治之大",而所致谨者不过辈行,可见古无后世所谓夫妇矣。职是故,古人于男女妃合,最致谨于其年。《礼运》曰:"合男女,颁爵位,必当年德。"《荀子》曰:"妇人莫不愿得以为夫,处女莫不愿得以为士。"见《非相》。老妇士夫,老夫女妻,则《易》譬诸"枯杨生华"、"枯杨生稊",言其鲜也。《释亲》:"长妇谓稚妇为娣妇,娣妇谓长妇为姒妇",此兄弟之妻相谓之辞也。又云:"女子同出,谓先生为姒,后生为娣。"孙炎曰:"同出,谓俱嫁,事一夫者也。"

同适一夫之妇,其相谓,乃与昆弟之妻之相谓同,可见古无后世所谓夫妇矣。古之淫于亲属者,曰烝,曰报,皆辈行不合之称。其辈行相合者,则无专名,曰淫,曰通而已。淫者,放滥之辞,好色而过其节,虽于妻妾亦曰淫,不必他人之妻妾也。通者?《曲礼》曰:"嫂叔不通问。"又曰:"内言不出于梱,外言不入于梱。"内言而出焉,外言而入焉,则所谓通也。《内则》曰:"礼始于谨夫妇,为宫室,辨内外,深宫固门,阍寺守之,男不入,女不出。"自为宫室、辨内外以来,乃有所谓通,前此无有也。《匈奴列传》曰:"父死妻其后母,兄弟死,皆取其妻妻之。"父死妻其后母,不知中国古俗亦然否;兄弟死,皆取其妻妻之,则亦必如是矣。象以舜为已死,而曰:二嫂使治朕栖是也。父子聚麀,《礼记》所戒;新台有泚,诗人刺焉。至卫君之弟,欲与室夫人同庖,则齐兄弟皆欲与之,《柏舟》之诗是也。然则上淫下淫,古人所深疾,旁淫则不如是之甚。所以者何? 一当其年,一不当其年也。夫妇之制既立,而其刺旁淫,犹不如上下淫之甚,则古无后世所谓夫妇,男女妃合,但论行辈之征也。今贵州仲家苗,女有淫者,父母伯叔皆不问,惟昆弟见之,非殴则杀,故仲家苗最畏其昆弟云,亦婚姻但论行辈之遗俗也。**古语说得好,饱暖思淫欲。这是人和动物一样的。** 野禽多一雄一雌,如雁是。家禽或一雄多雌,如鸡是。**而人的我执,比动物更强。尤其是男性,占有的冲动,特别强烈。饱暖之余,遂思占女性为己有。而女性,也有卖弄手段,坐观男子争斗的恶习。一群之中,争风吃醋之事,遂时时发生,弄得秩序都要维持不住了。于是在同一团体之中,男女不许发生关系的戒条,遂渐为众所共认,而成为同姓不婚之俗。** 古人说:"男女同姓,其生不蕃。"又说:"美先尽矣,则相生疾。"都不是同姓不婚的真原因,因其在生物学及病理学上,并无证据。同姓不婚的真原因,当是由于一姓之中,争风吃醋,《晋语》所谓"黩则生怨"也。《郊特牲》说:"取于异姓,所以附远厚别也。"厚别则可免于黩,而借此又可结他部落为外援,则所谓厚别也。**至此,则想觅配偶的人,不得不求之于外,而掠夺卖买的婚姻以起。掠得来,买得来的,自然是属于个人,而他人自亦不敢轻于侵犯,而夫妇之伦以立。当渔猎时代,大都是聚族而居。夫妇之制,或者尚不能**

十分严格。楚人有同姓结婚之俗，所谓楚王妻妹也。所以据《左氏》所载，楚国有江芈。文公元年，楚是江域之国，或染三苗之俗，说已见前。然则羲农之族，同姓不婚，或者亦不如黄族的严格。至于游牧时代，则人须逐水草而生。向来聚族而居的，至此都不得不分散。此时女子必随男子而行。个别夫妇的制度，至此就更形确定了。夫妇之制度既立，则父子之关系亦明。

当夫妇之制未立时，生子自然是从其母而得姓。即至夫妇之制既立，而女权尚未甚坠落时，子女亦还是从其母之姓的。但是到后来，女权日益坠落，男权日益伸张，妻与子，变为夫与父之附属物。当此之时，自无更表明其母子之间的关系的必要，只须表明其父为何人就得了。女系的姓，是纯为表明血统的。男系的姓则不然。因为人有财产，多欲传之于子；而子之身份如何，亦与其父大有关系。酋长之子所以仍为酋长者，以其为酋长之子也。奴隶之子，所以仍为奴隶者，以其为奴隶之子也。然则欲知财产之谁属；和某一人的身份如何，都有知道其男系的必要。所以男系之姓，是因表示"权力、财产的系统"而设的。于是女系遂易为男系。

古代的所谓姓，其初没一个不是从女系来的，而后皆易为男系。这一个变换之间，正表示着一种男女权递嬗的遗迹。因为一个姓，就是一个氏族的记号。氏族的记号，而用女子的系统，即使女权不十分伸张，亦总留有一点以女子为主体的意思。到改用男子的系统，就大不然了。

夫妇父子之伦既立，而所谓家的团结以生。什么叫作家呢？我国古书上明示其范围：是"一夫上父母，下妻子，自五口以至于八口"。这是一个天然的界限。因为"不独亲其亲，不独子其子"的风气，已成过去了，则老者非其子莫之养，幼者非其父母莫之长；而人不能没有配偶，这是不消说的。所以这一个天然的界限，在各亲其亲，各子其子的时代，不容易扩大，而亦不能缩小。但是此所谓家者，其中实在只有一个强壮适宜于斗争的人。要是和异族斗争，其力量实在嫌小。所以要有一个以男子为中心的宗法的联结。

此等组织的转变，我们说是男权的伸张，女权的坠落，而在游牧社会为尤甚。男女的关系，就是在农业共产社会，也不是绝对平等的。孔子说大同时代，"男有分，女有归"，这便分明是以男子为主体；在女子，不过人人得一个可依附的男子罢了。所以然者，因为生产之事，虽和争斗不同，而亦不能完全不要强力。本来生产也是对自然，甚而至于是对动物的一种争斗。争斗，自然以男子之力为较强。渔猎时代不必论。即畜牧时代，动物亦并不是十分易于驯伏的。农业虽说是女子所发明，男子之贽，卿羔，大夫雁，而妇女之贽为枣栗，见《礼记·曲礼下》篇。宗庙之事，君亲割，夫人亲舂，见《穀梁》文公十三年。《周官》职金：其奴，男子入于罪隶，女子入于舂藁。《天官·内宰》：上春，诏王后帅六宫之人，而生穜稑之种。这都是农业为女子之事的遗迹。又《礼记·昏义》："古者妇人先嫁三月，祖庙未毁，教于公宫；祖庙既毁，教于宗室。宗室教成，祭之，牲用鱼，芼之以蘋藻。"《毛传》说《诗经·采蘋》这一首诗，就是这教成之祭。又说：公侯夫人，执蘩菜以助祭；王后则执苯菜。又《左氏》哀公七年，陈乞对诸大夫说："常之母有鱼菽之祭。"妇女的祭品，是鱼和植物。推想渔猎农耕递嬗的社会，或者猎是男子之事，渔和农业，是女子之事。然到所谓伐栽农业时代，则所需要的强力亦颇多，亦就渐渐的移于男子手中了。生产既以男子为主，自然权力亦以男子为大。所以即在农业共产社会中，男女亦非绝对平等的。然而其关系，总比在游牧社会里好得多。某社会学者说："中国婚姻之礼，是农业社会的习惯。欧人婚姻之礼，则系游牧社会的习惯。农耕之民，大家安土重迁，住处固定。男女两人的性情面貌，是彼此互相知道的。即其家族中人，亦彼此互相知道。觉得年貌等等相当，便挽人出来做个媒妁说合。这全是农村中的风习。欧人则男女接吻，便是从动物之互相嗅学得来的。新婚旅行，其为妻由劫掠而来，怕其母族中人再来抢还，所以急急逃

避,更其显而易见了。若非游牧民族,何能如此轻易?"我们须知:
男女之数,是大略相等的。苟非略自异方;或者一社会之中,显分等
级,可以多妻者多妻,无妻者无妻,则一夫多妻之制,势必不容发生。
《盐铁论·散不足》篇说:"古者夫妇之好,一男一女,而成家室之道。
及后世,士一妾,大夫二,诸侯有侄娣,九女而已。"可见蓄妾系后起
之事。在隆古,曾有一个严格的一夫一妻时代。这时代是什么时代
呢? 古书说我国嫁娶之礼,始于伏羲。伏羲制以俪皮为嫁娶之礼,见《世
本·作篇》,谯周亦云然。见《礼记·昏义》疏。而六礼之中多用雁。雁是
动物之中,守一雌一雄之制最谨严的。可见羲、农之族,没有一夫多
妻之俗。《盐铁论》所谓"一男一女而成家室之好"者,当在此时。至
于黄帝之族,则本来是多妻的。所以尧以天子之尊,而降妫嫔虞,仍
守以侄娣从之法。尧以二女妻舜,其一即娣。叙述重于尧之以女妻舜,所以
未及其侄。此外黄帝二十五子,而其得姓者十有四人;《史记·五帝本
纪》。帝喾四妃。见《礼记·檀弓》"舜葬于苍梧之野,盖三妃未之从也"郑注。
文王则百斯男,无不以多妻多子为夸耀。《盐铁论》所谓后世,定是
黄族征服炎族之后了。我们又须知,母爱在天演界中,是起源很早,
而其根柢亦很深的。至于父之爱子,则其缘起较晚,所以其为爱,亦
不如母爱之深。假使人类有多夫而无多妻,一母所生之子,总是自
己怀胎十月,坐草三朝生出来的,则对于夫的感情,虽分浓淡,对于
子之爱护,必无大差殊。断不至如多妻之夫,有杀害其子之事。以母
杀子之事,亦非无之,但系受压迫而然,非其本性。又舆论对母之杀子,似较对
父之杀子,责备为严。如《杀子报》等戏剧,即表现此等思想。此正见其压迫女
子之甚耳。"高宗,殷之贤王也",《礼记·丧服四制》文。而杀孝己。古
公亶父亦是后世所颂为圣王的,而泰伯、仲雍,连袂而逃之荆蛮。晋
献公、汉成帝等昏暴之主,更不必说了。匡章,他的母亲,给他父亲
杀而埋诸马栈之下,后来以君命,仅得改葬,而犹自以为"死其父",

"出妻屏子，终身不养"，然而通国的人，还是说他不孝。见全祖望《经史问答》。从父权夫权发达以来，天下古今，不知道有多少惨事。真是佛书说的，生生世世，哭的眼泪，比江海还多。这便是"不独亲其亲，不独子其子"的制度破坏了，然后有的，这便是大同降入小康第一重罪恶。

　　土地不是该私有之物，理极易明。而土地不是能私有之物，亦事极易见。因为别的东西，可以搬回去，藏在屋里，土地是无从的。所以《春秋》说："器从名，地从主人。"《公羊》桓公二年，"夏，四月，取郜大鼎于宋。此取之宋，其谓之郜鼎何？器从名。（《解诂》：从本主名名之。）地从主人。（《解诂》：从后所属主人。）器何以从名？地何以从主人？器之与人，非有即尔。（《解诂》：即，就也。凡人取异国物，非就有。取之者皆持以归为有。为后不可分明，故正其本名。）宋始以不义取之，故谓之郜鼎。至于地之与人，则不然，俄而可以为其有矣。（《解诂》：诸侯土地，各有封疆里数。今日取之，然后王者起，兴灭国，继绝世，反取邑，不嫌不明，故……不复追录系本主。）然则为取可以为其有乎？曰：否，何者？若楚王之妻媚，无时焉可也。（《解诂》：为取，恣意辞也。媚，妹也。）"又《孟子·告子下篇》：孟子对慎子说："周公之封于鲁，为方百里也……今鲁方百里者五，子以为有王者作，则鲁在所损乎？在所益乎？"然则照古人的意思，列国侵夺所得的土地，以理论，都应归还元主的。**然而人类资生之具，无一不出于地。取用之余，稍感不足，于是据土地而私之之念渐生。最初是无所谓个人私有的，只是部落的私有。**

　　什么叫做部落呢？便是其结合以地为主，而不尽依于血统。人类最初，亲爱之情，只限于血统以内；而其能互相了解，亦只限于血统相同的人。因为这时候的人，知识浅短，凡事都只会照着习惯做，而交通不便，彼此无甚往来，两个血缘不同的团体，其习惯亦即往往不同之故。这是事实。然而世界是进化的。同一血统之人，势不能始终聚居于一处。而同一地域之内，亦难始终排斥血统不同的人。既已彼此同居一地，岁月渐深，终必要互相结合，这便成为部落。部落,固然有同一血统,如《辽史》所谓"族而部"的。又有血统虽不同,而丁单力弱之族,并入丁众力强之族而从其姓,如《辽史》所谓部而族的。然而族而不部、部而不族的,毕竟很多。四种部族,见《辽史·部族志》。这是本有此四种,而辽人因之,并非辽人的创制。虽在部落之中,族的界限,自然还是存在。凡强大之族,在战时及平时,如联合以作一大工程等,都易处于指挥统驭的地位。又族大则生利之力较大,受天灾人祸等影响较难,小族往往要仰赖其救济。一部落之中,族和族的关系,固然如此。即部落与部落之间,其关系亦是如此。各部落共同作战,或赴役,亦必有一部落为其中心。后世的所谓霸主,其远源,便是从此而来。而部落与部落间主从的关系,固然有由于兵力的不敌,然亦有因债务之故,而陷于从属地位的。凡弱小的部落,因饥荒穷困,而归附强大的部落的,都该属于此类。

两个部落,势不能不相接触。邃初的接触,或者较少。到交通渐便,拓殖渐广,则其接触亦渐多。有不能谅解之时,便不得不出于争战。争战的规模,亦是逐渐扩大的。各部落的关系,日益密切,就不免有合从连衡,搂诸侯以伐诸侯之事了。既有战争,就有胜败。既有胜败,就有征服者和被征服者。征服者和被征服者的关系,又是如何的呢?

其痕迹最显著的,为古代国人和野人的区别。第四章已说过:邃古时代的民族,是居于水中洲渚之上的。但这是羲、农之族如此,黄帝之族,是居于山上的。怎见得黄帝之族,是住在山上的呢? 黄帝邑于涿鹿之阿,便是一个证据。章太炎有《神权时代天子居山说》,证据搜辑得很多,可以参看。古代有所谓井田和畦田。井田,是把一方里之地,画为九区,和我们画九宫格一样。这无疑是施行于平地的。畦田,则算学中有一种算不平正之地的面积之法,便唤做畦田法,可见其在山险之地。滕文公要行井田,孟子说:"请野,九一而助；国中，什一使自赋。"古所谓国，即都城之谓。都城都在山上，所以说"国主山川"；《国语·周语》。所以说"王公设险以守其国"。《易·坎卦象辞》。野则多是平地，仅靠人为封疆。所以说："域民，不以封疆之界，固国，不以山溪之险。"《孟子·公孙丑下》。为什么要如此呢？这无疑是战胜之族，择中央山险之地，设立堡垒，聚族而居，而使被征服之族，居于四面平夷之地，从事农耕了。国的起源如此。古代都城，大略都在国之中央，所以《孟子》说："中天下而立，定四海之民。"见《尽心上》。《吕览》也说："古之王者，择天下之中而立国，择国之中而立宫，择宫之中而立庙。"见《慎势》。

国中之人当兵，野人则否。怎见得呢？案后世之人，都误谓古代兵农合一，其实不然。江慎修说得好："说者谓古者寓兵于农，井田既废，兵农始分，考其实不然。……管仲参国伍鄙之法，制国以为二十一乡：工商之乡六，士乡十五。……是齐之三军，悉出近国都之十五乡，而野鄙之农不与也。五家为轨，故五人为伍。积而至于一乡二千家，旅二千人。十五乡三万人为三军。是此十五乡者，家必有一人为兵，其中有贤能者，五乡大夫有升选之法，故谓之士乡，所以别于农也。其为农者，别为五鄙之法。三十家为邑，十邑为卒，十卒为乡，三乡为县，十县为属，五属各有大夫治之。专令治田供税，更不使之为兵。……他国兵制，亦大略可考。……如晋之始惟一军。既而作二军，作三军，又作三行，作五军。既舍二军，旋作六军。后以新军无帅，复从三军。意其为兵者，必有素定之兵籍，素隶之军帅。军之以渐而增也，固以地广人多；其既增而复损也，当是除其军籍，使之归农。……随武子云：楚国荆尸而举，商农工贾，不败其业，是农不从军也。鲁之作三军也，季氏取其乘之父兄子弟尽征之；孟氏以父兄及子弟之半归公，而取其子弟之半；叔孙氏尽取其子弟，而以其父兄归公。所谓子弟者，兵之壮者也。父兄者，兵之老者也;皆其素在兵籍,隶之卒乘者,非通国之父兄子弟也。其后舍中军,季氏择二,二子各一,皆尽征之,而贡于公,谓民之为兵者,尽属三家,听其贡献于公也,若民之为农者出田税,自是归之于君。故哀公云:二吾犹不足。……三家之采地,固各有兵。而二军之士卒车乘,皆近国都。故阳虎欲作乱,壬辰戒都车,令癸巳至。可知兵常近国都,其野处之农,固不为兵也。"《群经补义》今案封建之制,天子之田方千里,公侯方百里,百倍相悬,而其兵,则《公》、《穀》称天子六师,诸侯一军,不过六倍。可知全国之民,是不皆为兵的。《周官》的兵制:五人为伍,五伍为两,四两为卒,五卒为旅,五旅为师,五师为军。其六乡的编制:则五家为比,五比为闾,四闾为族,五族为党,五党为州,五州为乡。可知其系家出一卒。平时的比长、闾胥、族师、党正、州长、乡大夫,就是战时的伍长、两司马、卒长、旅帅、师帅、军将。和满洲人没有地方官,只有自都统至佐领等军职一样。野鄙之民,则《尚书大传》说:"古八家而为邻,三邻而为朋,三朋而为里,五里而为邑,十邑而为都,十都而为师,州十有二师焉。"全与井田之制相应。此等人并不为兵。非其不能为兵,乃是不用作正式的军队;仅用以保卫本地方,如后世乡兵之类。鞌之战,齐顷公见保者曰:"勉之,齐师败矣。"《左传》成公二年。便是此等人。此等人是无甚训练的,亦没有精良的器械。又其地平夷,无险可守。所以春秋时代,交战一败,敌兵辄直傅国都;攻围历时的大邑,是很少的。古代大邑很少,所以宋人围长葛,取长葛,《春秋》特书之。见《公羊》隐公五、六年。

　　这样说,战胜之族,既要出什一之税,还要服兵役;战败之族,名为九一而助,实则出十一分之一之税而已。公田百亩,以二十亩为庐舍,八家各耕私田百亩,公田十亩;私田所入归私,公田所入归公,故为十一分而取其一。而又不要服兵役,岂非其负担反较战胜之族为轻呢?其实不然。须知古代有所谓赋,是野鄙之农出的。出赋之法,今文家谓十井出兵车一乘。《公羊》宣公十五年《解诂》。古文家据《司马法》,而《司马法》又有两说:一说以井十为通,通为匹马,三十家,士一人,徒二人。通十为成,成十为终,终十为同,递加十倍。又一说以四井为邑,四邑为丘,有戎马一匹,牛三头。四丘为甸。戎马四匹,兵车一乘,牛十二头,甲士三人,步卒七十二人。前说郑注《周官》小司徒所引,后说则郑注《论语》"道千乘之国"引之,见小司徒疏。《汉书·刑法志》,亦采后说。这话不必管其谁是谁非,总之和井田相附丽,可知其为野人所出。须知古代野鄙之人,是没有好好的兵器的。所谓寓兵于农,并非谓使农人当兵。古书上的兵字,是不能作军人讲的。所谓寓兵于农,乃谓以农器为兵器。其制,详见于《六韬》的《农器》篇。所以要寓兵于农,正因乡人没有兵器之故。马牛车辇都出于乡人,而兵器则不给他们自卫。自出赋的人言之,真可谓借寇兵赍盗粮了。

所以当时被征服阶级,很少反抗的事。被虐得不堪,则逝将去女,适彼乐土,以逃亡为抵抗而已。从来政治上,亦没听见征询野人的意见。至于国人,则询国危,询国迁,询立君,《周官·小司寇》。管仲听于赜室;《管子·桓公问》。子产不毁乡校;《左传》襄公三十一年。孟子说:"国人皆曰贤,然后察之,见贤焉,然后用之。""国人皆曰不可,然后察之,见不可焉,然后去之。""国人皆曰可杀,然后察之,见可杀焉,然后杀之。"《孟子·梁惠王下》。都是最初征服之族,筑一堡垒,住居于中央山险之地的。即厉王监谤,道路以目,起而流之于彘,亦仍是他们。梁任公说:中国历代的革命,只有这一次,可以算是市民革命,见所作《中国历史上革命之研究》。其实古无所谓市民。当兵的国人,起而革暴君之命,亦仍是军人革命而已。

其在选举,则俞理初说得好。他说:"周时乡大夫三年比于乡,考其德行道艺,而兴贤者,出使长之,用为伍长也;兴能者,入使治之,用为乡吏也。其用之止此。《王制》推而广之,升诸司马曰进士,焉止矣。诸侯贡士于王,以为士,焉止矣。太古至春秋,君所任者,与共开国之人,及其子孙也。……上士、中士、下士,府史胥徒,取之乡兴贤能;大夫以上皆世族,不在选举也。……故孔子仕委吏乘田,其弟子俱作大夫家臣……周单公用鬻,巩公用远人,皆被杀。"《癸巳类稿·乡兴贤能论》。古代士字,含有两种意思:一是战士,一是任事。士和仕亦即一字。士、农、工、商四种人,其初有入仕资格的,只有士。农、工、商都是没有的。

财产本非一人所私有,一家的财产,原系家人妇子,合作得来的。然而在习惯上,法律上,都看作家长一人之所有。《礼记·曲礼上》:"父母存……不有私财。"《内则》:"子妇无私蓄。"后世法律,亦有卑幼不得擅用财之条。案世之论者,率以女子为分利,此大谬也。上流社会的女子,庸或分利,然上流社会的男子,亦何尝不分利?总计其消费之量,总较女子更大些,而且女子没有全分利的。为什么呢?生产小孩,至少要算作生利的事。下层社会,烟赌等恶习,亦以男子为多。况且从古到今的社会,不乏杜陵所谓"土风坐男使女立"的。利的大部分为女子所生,管理的权利依然属于男子,这除掠夺外,更有何说?总之,私产之兴,是无不带掠夺压迫的性质的。此无他,管理财产之权,属于家长一人,则事实上和他一人所私有无异。其初不过事实如此,其后则以为理所当然了。一部落中,管理财产之权,属于酋长。于是一部落的财产,亦视为酋长一人所有。被征服者之财产,是无条件认为征服者所有的;连被征服者之人身,亦是征服者的奴隶;亦即是战胜之族之酋长之财产、之奴隶了,"普天之下,莫非王土;率土之滨,莫非王臣"。其思想,就是由此而来的。然则征服之族之酋长,而欲虐取于下,除非事实上受制限,理论上是不受制限的。自然,在事实上,征服之族的酋长,决没有这么大的消费力,然而可以分给本族的人共享,使之食其入而治其人,这便是所谓封建。至此,而征服之族,乃悉成为寄生之虫。

这样说，被征服之族，必然被压迫得不堪了。其所过的日子，一定是惨无人道的了。这真是修罗的世界，如何还能称为小康呢？这也有个原故。

其一，榨取者的榨取，亦必须保存其所榨取的人，这话第五章中业已说过，此等利害上的计算，并非甚深微妙难懂得的事。即谓不然，而无谓的气力，总是人所不肯花的。须知征服之族之战斗，在彼原视为生产的一种手段。生产的目的，总是在于消费的。安坐而食，何等舒服？何所苦而再去干涉被征服之族内部的事情呢？因此之故，被征服之族，内部优良的组织，遂得保存。《孟子》说："夏后氏五十而贡。"又引龙子的话，说："治地莫不善于贡。贡者，校数岁之中以为常。乐岁，粒米狼戾，多取之而不为虐，则寡取之。凶年，粪其田而不足，则必取盈焉。"《滕文公上》。此法，直是征服之族，勒令被征服之族，包还他多少租税而已，其他则一切不管。这便是征服之族，不干涉被征服之族内部之事的一个证据。禹的时代，离黄帝征服炎族的时代，总该在一百年以外了，而其政策还是如此，可想见黄族征服炎族之初，于其内部的组织，是不甚过问的。

其二，淫侈之习，非一日之致。征服之族，总是处于较瘠薄的地方的。其生活程度，本来不高，习惯非可骤变。奢侈惯了的人，使之节俭，固然觉得难受。节俭惯了的人，使之奢侈，亦一样觉得难堪的。历代开国之君，所以多能节俭者以此。《甫田》之诗："曾孙来止，以其妇子，馌彼南亩，田畯至喜。"郑笺说：这是周朝的成王，带着自己的媳妇儿子去劝农，请农夫和管理农夫的田畯吃饭的，后来读诗的人，多不信其说。其实这必是古义。康成先治《韩诗》，所以能知道。试读《金史》的《景祖昭肃皇后传》，便知其非瞎说了。郑笺读喜为馐。《金史·景祖昭肃皇后唐括氏传》："景祖行部，辄与偕行。政事狱讼，皆与决焉。景祖殁后，世祖兄弟，凡用兵，皆禀于后而后行。胜负皆有惩劝。

农月,亲课耕耘刈获。远则乘马,近则策杖,勤于事者勉之。晏出早归者训励之。"这是举其一例。其他类此之事,举不胜举的还多。古代征服之族,对于被征服之族,其初期,也该有此情形的。

其三,则凡征服之族,必有不好利的美德,和哀矜弱者的仁心。前者,观于古代士大夫的戒条,如"畜马乘,不察于鸡豚,伐冰之家,不畜牛羊"等,《礼记·坊记》:"子曰:君子不尽利以遗民。《诗》曰:彼有遗秉,此有不敛穧,伊寡妇之利。故君子仕则不稼,田则不渔,食时不力珍,大夫不坐羊,士不坐犬。"便可知之。公仪子相鲁,之其家,见织帛,怒而出其妻;食于舍而茹葵,愠而拔其葵。_{董仲舒对策,见《汉书》本传}决不是没有的事。后者则秉彝之良,则无时或绝,战胜之族之能行仁政,此其根源。此两者,亦和战胜之族所以能战胜,很有关系。因为诛求无已,不留余地,人家迫于无可如何,总只得同你拼命,反抗将无已时,尔朱氏之亡,便是其前车之鉴;而且好利太甚,强武之风就要丧失,更何恃而能战胜? 辽、金、元、清的末运,人家都说他同化于汉族而弱,其实何尝如此? 只是溺于利欲,因而变为弱者罢了。

其四,则文化的性质,足以使人爱慕。此观于北魏孝文帝便可知之。古代野蛮之族,慕悦文明之族之文化,而舍己以从之,亦必有此等情景。黄帝时代的文化,前经证明为采自炎族,观其一时云蒸霞蔚,所采取者如是之多,其勇决,正不下于北魏的孝文帝了。这不但野蛮之族,对于文明之族如此,便文明之族,对于野蛮之族亦有之。赵武灵王的胡服骑射,是其一例。我们现在,试再引一段《礼记》,以见其概。"且女独未闻牧野之语乎? 武王既克殷,反商。_{反,当依郑注读"及"。}未及下车,而封黄帝之后于蓟,帝尧之后于祝,帝舜之后于陈。下车而封夏后氏之后于杞,投殷之后于宋。封王子比干之墓,释箕子之囚,使之行商容而复其位。庶民弛政,庶士倍禄。济河而西,马散之华山之阳而弗复乘,牛散之桃林之野而弗复服,车甲衅而藏之府库而弗复用;倒载干戈,苞之以虎皮;将帅之士,使为诸侯,名之曰建橐;然后天下知武王之不复用兵也。散军而郊射,左射《狸首》,右射《驺虞》,而贯革之射息也。裨冕搢笏,而虎贲之士说剑也。祀乎明堂,而民知孝;朝觐,然后诸侯知所以臣;耕藉,然后诸侯知所以敬;五者,天下之大教也。食三老五更于大学,天子袒而割牲,执酱而馈,执爵而酳;冕而总干;所以教诸侯之弟也。若此,则周道四达,礼乐交通,则夫《武》之迟久,不亦宜乎?"这是《乐记》上孔子告宾牟贾的话。古代的历史,亦称为语,如《论语》、《国语》是也。语同伦,谓将关于孔子的历史,分类编纂也。《史记》列传,在他篇中提及,尚多称为语。足见其书本名语,太史公乃改其名为传,犹表之体原于谱,而史公改其名为表也。牧野之语,就是当时相传的武王灭商的一段历史。此等口相传述的历史,固然总不免言之过甚。然而周公东征之后,即行制礼作乐,亦不可谓之迟。以后例前,可见牧野之语所述武王之事,不能全谓之子虚。此可见周民族采取他族文化之速。不但周民族,正恐别一朝亦是如此。不过年湮代远,文献无征,而让周代的事迹独传罢了。这亦是战胜之族,所以不肯破坏战败之族之文化的重要原因。不但不敢破坏,怕还要移植之于本族;甚至无条件的甘心拜倒于异族文化旗帜之下呢。

如此,则被征服之族,其文化保存的机会,还很多了。我们设想当时的社会:则

(一)井田之制仍存。

(二)山泽还是公有的。《王制》"名山大泽不以封"。注:"与民同财,不得障管。"案《孟子》谓文王之囿,刍荛者往焉,雉兔者往焉,即不障管之谓也。《周官》的山虞、林衡、川衡、泽虞、迹人、卝人等官,尚是此意。

(三)重要的工业,设官制造,仍是为供给民用起见,非以牟利。《孟子》说:"万室之国,一人陶,则可乎? 曰:不可,器不足用也。"《告子下》:"度

民数而造器。"可见其以供给民用为目的。虽然为供奉贵人而设的工官，总在所不免。

（四）商业之大者，仍行诸国外。古代的商人，所以多才智之士，如郑弦高等，至能矫君命而却敌兵，即因其周历四国，深知风土人情之故。《白虎通》："商之为言章也。"可见其能运用心思，和农工的朴僿大异。其行于国中的：较大的，则国家监督之甚严。《王制》"有圭璧金璋不鬻于市"一段，即管理商人规则之一端。《周官》司市所属，有胥师、贾师、司虣、司稽、质人、廛人等官，亦都系管理商人的。较小的，如《孟子》所谓贱丈夫，《周官》所谓贩夫贩妇等，则仅博蝇头，并无大利可获。《孟子》所说的贱丈夫，只是在野田墟落之间，做小卖买的。垄断，只是田间略高之处。所登者高，所见者远，易于被人注目，自己亦易于招徕主顾。

实业如此，其任公职的士及府史胥徒等，亦仅禄足代耕。所以此时，除拥有广土的封君外，其余的人，仍和从前相像，并无甚贫甚富之差。

在伦理上，固然阶级很为森严。然而此时的人君，亦并非没有责任的；其责任且很为重大。《荀子·王制》说："君者，善群也。群道当，则万物皆得其宜，六畜皆得其长，群生皆得其命。故养长时则六畜育，杀生时则草木殖，政令时则百姓一，贤良服。圣王之制也：草木荣华滋硕之时，则斧斤不入山林，不夭其生，不绝其长也。鼋鼍鱼鳖鳅鳝孕别之时，罔罟毒药不入泽，不夭其生，不绝其长也。春耕夏耘，秋收冬藏，四者不失时，故五谷不绝，而百姓有余食也。污池渊沼川泽，谨其时禁，故鱼鳖优多，而百姓有余用也。斩伐养长，不失其时，故山林不童，而百姓有余材也。"此特举其一端。其余类此的，不可胜举。如《淮南·主术》、《汉书·货殖列传序》等，都可参看。

大同社会的一切规则，至此，悉由天下为家的大人管其枢。固然，此等大人，并非大同社会中需要他，把他请得来，是他自己凭借武力，侵进来的。然而侵入之后，没有妄作妄为，把大同社会的规则破坏，而且认此规则为必要，肯进而自任其责，代管其枢，总还算是被征服的人民的幸运了。周武帝毕竟胜于齐文宣，元世祖也到底胜于金海陵庶人。

君民相对之间，自然不免有彼此之见。如《礼记·燕义》上说："礼无不答，言上之不虚取于下也。上必明正道以道民。民，道之而有功，然后取其什一，故上用足而下不匮也。是以上下和亲而不相怨也。"只这几句话，君民之本系两族，跃然纸上。然而还未敢无功而食禄。如此，聚敛之事，安得不引为大戒。《大学》："德者，本也；财者，末也；外本内末，争民施夺。是故，财聚则民散，财散则民聚。是故，言悖而出者，亦悖而入；货悖而入者，亦悖而出。"又："孟献子曰：……百乘之家，不畜聚敛之臣。与其有聚敛之臣，宁有盗臣。……长国家而务财用者，必自小人矣。……小人之使为国家，灾害并至，虽有善者，亦无如之何矣。"聚敛必致人民流散，这便是贪小利而招大不利；而且财多则必骄侈，骄侈亦必有后患；此等经验，古人一定很多，所以谆谆悬为训戒。不但不敢聚敛，而且还有施惠于民之事。

《礼记·王制》上说："岁之成……大司徒、大司马、大司空，以百官之成，质于天子。百官齐戒受质。然后休老劳农。成岁事，制国用。"又《月令》：孟冬之月，"天子乃祈来年于天宗，大割祠于公社，及门闾，腊先祖五祀，劳农以休息之"。又《郊特牲》说："腊也者，索也，岁十二月，合万物而索飨之也。……黄衣黄冠而祭，息田夫也。……既腊而收民息已，故既腊，君子不兴功。"又《杂记》上说："子贡观于腊。孔子曰：赐也乐乎？对曰：一国之人皆若狂，赐未知其乐也。子曰：百日之腊，一日之泽，非尔所知也。张而不弛，文武弗能也。弛而不张，文武弗为也。"为，化也。五谷必待变化而后成。贾生《谏放民私铸疏》："奸钱日多，五谷不为多。"下"多"字妄人所加，见王念孙《读书杂志》。五谷不为，即五谷不化也。一张一弛，文武之道也。这是古人农功既毕,施惠于民之事。又《祭统》说:"凡馈之道,每变以众,所以别贵贱之等,而兴施惠之象也。……祭者,泽之大者也。是故上有大泽,则惠必及下;顾上先下后耳,非上积重而下有冻馁之民也。是故上有大泽,则民夫人待于下流,知惠之必将至也。"这是国家有庆典,施惠于民之事。虽然所施之惠,原是掠夺来的,然而这亦是充类至义之尽的话,总胜于"老羸转于沟壑,壮士散之四方,而仓廪实,府库充"的了。《梁惠王下》。

"小人学道则易使",固然不免于奴隶教育,然而君子学道则爱人,《论语·阳货》。则所谓君子者,亦渐受战败之族文化之熏陶了。这真是所谓"吾且柔之矣"。

然则这时候,除多顶着一个偶像在头上,多养活一个寄生虫在身上外,其余还无甚大苦;病象不甚利害,总还算个准健康体,夫是之为小康。

第七章　从小康到乱世

　　孔子说小康之治,数禹、汤、文、武、周公为六君子,其意盖谓小康之治,至此而终;自此以后,就渐入于乱世了。

　　小康之治,为什么会变为乱世呢?

　　人类无阶级则已,苟其有之,则两阶级的利害,必不能相容。固然,人之"相人偶"之心,是无时而或绝的。无论怎样利害相对立,其"相人偶"之心总还在。然而人,至少最大多数的人,总是先己后人的。见第三章。到人己利害不相容、自己有欲而不能遂时,就不免牺牲他人了。到这时候,除非彼此的权力相等,可以互相限制,否则终不免有以此一阶级,压迫彼一阶级的事。古代的征服阶级,权力是无限的。他要压迫被征服阶级,被征服阶级固无如之何。其初因淫侈之习,非一日之致。见上章。征服者的生活,比较的节俭,所以榨取还不十分利害。但是生产的目的,终竟是在消费。征服者的战争,原是一种生产的手段,既因此手段而得到偌大的一分财产,倘使永不消费,这财产又要他做什么? 从来穷人致富,无有不兢兢以节俭为训的。一者,追念畴昔的贫穷,有所警惕。二者,其生活习惯于俭朴,骤然使之享用过分,在身体上反觉得不惯,而于心亦有所不安。然而其生活,亦总不免渐流于奢侈。一个富翁,既富之后,其享用,较诸其少小孤穷之时,总不可以同年而语了。这是根据于经济学上"生产终极的目的,在于消费"的原理的,所以奢侈之事,无论如何,总无法绝对防止。家国一理。所以开国之君,无论怎样节俭,至其子孙,终必渐流于奢侈。人之情,由俭入奢易,由奢入俭难。既奢侈之后,再增加其程度,更如顺流而下。当初觉得享用过度,身体转觉不便的,至此则非此不可了。当初享用过度,于心即觉蹙然不安的,至此则习为故常了。如此,统治者奢侈愈增,即其对于所治之人,榨取愈甚。而前章所述,暂得维持的被征服社会内部的优良组织,遂逐渐为其所破坏。这是破坏小康社会的第一种力。古代的人民,是无甚反抗力的。所以政治不良,论者多归咎于君大夫;而猪口哓音,也只是希望君大夫觉悟。

　　社会的组织而要求其合理,是必须随时改变的。但这是件极难的事。往往其组织已和其所处的地位,利害冲突,不能相容了,而人还没有觉得。即使觉得,亦或因种种方面的障碍,惮于改革;或虽欲改革而不能;又或勉强为之而致败。古代的大同社会,其组织所以合理,全由其社会小,故其全部的情形,一望可知,而其组织亦极容易。到各社会之间互有关联,则其社会,已于无形中扩大。此时而欲求合理,即须废弃旧组织,代以新组织;而此所谓新组织,即应合此互有关系的社会而通筹。此岂可能之事? 于是因事实的迁流,旧制度逐渐破坏,新制度逐渐发生;而此所谓新制度,全是一任事势迁流之所至,无复加以人为修整的余地,各方面自不免互相冲突。乃亦听其迁流之所至,互相争斗,互相调和。所求者,不过含有矛盾性的苟安,和前此无一物不得其所的大顺世界,全然背道而驰了。所谓大顺,是把社会上件件事情,都措置得极妥贴,使无一物不得其所之谓。《礼记·礼运》说:"故事,大积焉而不苑,并行而不缪,细行而不失,深而通,茂而有间,连而不相及也,动而不相害也,此顺之至也。"就是表示这等理想的。后世无组织的社会,要能多数人以安其生,已经不容易了。在有组织的社会里,要使无一物不得其所,是并非不可能的。这就是所谓乱世。乱世是如何开始的呢?其最重要的关键,在经济上。自给自足的社会,需要一物,除自造之外,是别无法想的。《管子·侈靡》说:"佶尧之时,牛马之牧不相及,人民之俗不相知。不出百里而来足。""来"疑当作"求"。和《老子》所说"邻国相望,鸡犬之声相闻",而"民至老死不相往来",同为商业未兴以前,自给自足的景象。《盐铁论·水旱》篇说:"古者千室之邑,百乘之家,陶冶工商,四民之求,足以相更。故农民不离畎亩而足乎田器,工人不斩伐而足乎陶冶,不耕而足乎粟米。"也还是这等景象。稍进,则不必自造,而可以与他社会相交易。当此之时,就获利的多少上计算,某物宜于自造,某物不必自造,某物当造若干……就都发生问题。当此之时,理应将社会的组织改变,以适应新环境。然而人的智力,固不及此。于是旧组织依旧维持着,而此组织,在此时,实成为获利、获最多之利的障碍。人之欲利,如水就下,而此组织,遂逐渐破坏而不能维持。其破坏是怎样的呢?原来共产社会,虽说共产,只是共之于本部落之中,并非此部落与彼部落相共。其时虽说没有私产,却亦未曾禁止人之有私产。不但私产的流弊,此时无从预烛。而且这时代的人,也并不知私产为何事,既不知私产为何事,那如何预行禁止呢?而人是最喜欢异物的。历代在岭南的官吏,率多贪污;对于外商的诛求,无一代不黑暗。五口通商之役,外人以兵力强迫,实亦有以激之使然。假使历代的外夷,早有兵力,此等事,就不待清道光之世了。此事甚长,必别为专篇,乃能论之。欲知其略,可看日本桑原骘藏《提举市舶西域人蒲寿庚事迹》本文四的考证十至十六。此书商务、中华,都有译本。商务改名《唐宋元时代中西通商史》。中华本名《蒲寿庚传》。此等官吏所以贪污,原因固然很多,而多见异物,亦是原因之一。他部落之物,大抵为本部落所无有,易于引起贪求之心。就有自行制造,以与他部落相交易的。所易得之物,自然为其所私有。如此,私产之制,遂潜滋暗长于共产社会之中。共产社会的分职,是很严密的。他算定了有若干人,要用若干物品,然后分配若干人去工作。《孟子·告子下》："万室之国，一人陶，则可乎？曰：不可，陶不足用也。"就是算定了需要之数，以定制造人数的一个证据。**假使一个人而荒其分职，其贫乏可以立见。**古书多引神农之教，说："一夫不耕，或受之饥；一女不织，或受之寒。"或，有也。是说一定有受饥寒的人。古有、或二字，同音通用，如九域即九有，并非如后世用或字，作为游移不定之词。**到与他部落交易之世，其情形，就不如此严重了。甚而至于有许多东西，本部落虽亦会造，却不如外货之便美，大家就弃而不用，而甘心求之于外。如此，本部落中人所从事的职业，渐渐和本部落的生活，无直接关系，而其组织，遂破坏于无形。惊人的山崩，源于无人注意的风化。这种因交易的逐渐发生，逐渐盛大，而致某种社会组织，为之破坏的现象，虽然无形可见，其力量，实远超乎政治之上。因为前者只行于征服阶级与被征服阶级之间，后者却普及于人人了。如此，人类的分工合作，就借着交易的形式而行。遂成为人自为谋、而无人和你互相帮助的世界。这是破坏小康社会的第二种力。**

　　人和人的相处，其能否和亲康乐，全视乎其心理。而人的心理，是环境养成的。**最能养成人互相敌对之心的是商业。**要是有个小孩，不明白损人利己之道，我们只消叫他去买东西，讨价、还价、打折扣……如此一两次，他的账簿上是负，我的账簿上就是正；他的账簿上是正，我的账簿上就是负，就没有不明白的了。这真是最明切的教训。比诸父诏兄勉，说什么损己利人总有好报的话，要容易明白，容易使人相信得多。也有一种人，天天和实事接触，依旧毫无觉悟，只相信相传的训条的。然而此等都是极无用的人，在社会上无甚影响。况且自私自利反社会的经验，积之久，也总要成为训条的。**我们现在，人人都受着这种教训，所以"人己利害不相容"、"宁我负人，毋人负我"等观念，少成若性，习惯自然；及其壮而行之，自然"造次必于是，颠沛必于是"了。何况还日在"温故知新"之中呢。**

　　有商业则必有货币。有货币，愈能使人己损益之数，为精确的表现。而货币的作用，还不止此。人的贪欲，是因物品的异同，及其量的多寡，而有消长的。明明可欲之物，过多即等于无用。经济学家说："欧洲古代的教会，所以能布施，由其所收入的，都是必要的物品。"我国古代的君大夫，以至闭关时代，以及现在的穷乡僻壤的富人，所以能布施，这至少也是一个原因。至于货币之用弘，则此物可以转变为他物，因遇多而生厌弃之念，就消灭于无形；而贪求之心，亦如"长日加益而不自知"了。休笑今人喜欢洋货，这是自古就如此的。"三牲鱼腊，四海九州之美味也。"《礼记·礼器》。祭时以能致此物为孝。可见其所祭的人，生前本有此嗜好了。

　　人之贪欲是无所不至的。我们现在，发了贪求之心，固未尝不惕然而知止，这是受惯了环境的压迫，所以如此。倘使我们的力量而大于现在，则因贪求而起的行动，势亦必较现在为强。如此层层推之，"以其所不爱，及其所爱"，以争土地之故，"糜烂其民而战之"，《孟子·尽心下》中孟子说梁惠王的话。并非不可能的事。不但如此，就是饥不可食、寒不可衣的宝物亦然。孟子说："诸侯之宝三：土地，人民，政事。宝珠玉者，殃必及身。"《孟子·尽心下》。看这句话，就可知道当时宝珠玉者之多。这也无足怪。现在爱古玩的先生，爱饰物的女士们，不过他们没有古代诸侯的权力罢了。如其有之，安知不如求宝剑的虞公，安知不为求骏马名裘的囊瓦。《左氏》桓公十年，定公三年。此等事举不胜举。譬如卫国的蒯聩，流离在外多年，好容易得以复国，却还说："吾继先君而不得其器，若之何？"又如乐毅贤人，而其《报燕惠王书》，亦说："珠玉、财宝、车甲、珍器，尽收入于燕。齐器设于宁台，大吕陈于元英，故鼎反乎历室。"其称先王之功，亦说"夷万乘之强国，收八百岁之蓄积"，可见其视之之重了。权力虽有制限，诈欺是只要有这戏法，无人能加以制限的。于是机械变诈的行为，就满于天下。

　　既已凡事皆以自私之心以行之了,则何物不可以自私? 全国最大多数是农民,农民所恃以生活的是土地。要求生产量的增加,自必先求土地面积的扩大,于是据土地而私之之情生。不但如此,人我之界既分,则一切此疆彼界的观念,继之而起。用力的浅深,施肥的多少,附离于田土的庐舍、盖藏、工具等,在在足以生其校计之心。这是隐伏在人心上,土地私有制度的起源。但是虽有此等见解,而积古相传的制度,苟使没有人明目张胆去破坏,还是不易动摇的。即使偶有动摇,也还易于恢复。这明目张胆破坏井田制度的是谁呢? 这便是孟子所说的"暴君污吏"。孟子说:"井田不均,谷禄不平。"《滕文公上》。固然是就贵族的收入说。但是贵族的谷禄,建筑在平民的租税之上。贵族收入的均平与否,和平民的田地均平与否,反正还是一件事。这可见井田制度,实在是平均贫富的根源。井田制度是怎样破坏的呢? 从前的人都说由于商鞅开阡陌。他们的意思,都以为阡陌是一种制度,开始于商鞅。据朱子所考,则阡陌乃田间道路,亦即田之疆界;所谓开者,乃系破坏铲削,以之为田。

朱子的《开阡陌辨》原文说:"《汉志》言秦废井田,开阡陌。说者之意,皆以开为开置之开,言秦废井田而始置阡陌也。按阡陌者,旧说以为田间之道。盖因田之疆畔,制其广狭,辨其纵横,以通人物之往来,即《周礼》所谓遂上之径,沟上之畛,洫上之涂,浍上之道也。然《风俗通》云:'南北曰阡,东西曰陌。'又云:'河南以东西为阡,南北为陌。'二说不同。今以遂人田亩夫家之数考之,则当以后说为正。盖陌之为言百也,遂洫从而径涂亦从,则遂间百亩,洫间百夫,而径涂为陌矣。阡之为言千也,沟浍横而畛道亦横,则沟间千亩,浍间千夫,而畛道为阡矣。阡陌之名,由此而得。至于万夫有川,而川上之路,周于其外;与夫匠人井田之制,遂沟洫浍,亦皆四周,则阡陌之名,疑亦因其横纵而得也。然遂广二尺,沟四尺,洫八尺,浍二寻,则丈有六尺矣。径容牛马,畛容大车,涂容乘车一轨,道二轨,路三轨,则几二丈矣,此其水陆占地,不得为田者颇多。先王之意,非不惜而虚弃之也,所以正经界,止侵争,时蓄泄,备水旱,为永久之计,有不得不然者，其意深矣。商君以其急刻之心，行苟且之政。但见田为阡陌所束，而耕者限于百亩，则病其人力之不尽。但见阡陌之占地太广，而不得为田者多，则病其地利之有遗。又当世衰法坏之时，则其归授之际，必不免有烦扰欺隐之奸。而阡陌之地，切近民田，又必有阴据以自私，而税不入于公上者。是以一旦奋然不顾，尽开阡陌，悉除禁限，而听民兼并买卖，以尽人力；垦辟弃地，悉为田畴，而不使其有尺寸之遗，以尽地利；使民有田即为永业，而不复归授，以绝烦扰欺隐之奸；使地皆为田，而田皆出税，以核阴据自私之幸。此其为计，正如杨炎疾浮户之弊，而遂破租庸以为两税，盖一时之害虽除，而千古圣贤传授精微之意，于此尽矣。故《秦纪》《鞅传》，皆云为田开阡陌封疆而赋税平，蔡泽亦曰：决裂阡陌，以静生民之业而一其俗。详味其言，则所谓开者，乃破坏铲削之意，而非创置建立之名；所谓阡陌，乃三代井田之意，而非秦之所制矣；所谓赋税平者，以无欺隐窃据之奸也；所谓静生民之业者，以无归授取予之烦也。以是数者，合而证之，其理可见；而蔡泽之言，尤为明白。且先王疆理天下，均以予民，故其田间之道，有经有纬，不得无法；若秦，既除井授之制矣，则随地为田，随田为路，尖斜屈曲，无所不可，又何必取其东西南北之正，以为阡陌，而后可以通往来哉？此又以物情事理推之，而益见其说之无疑者。"读此，可知人口增加，耕地不足，实为井田破坏之真原因。不然，历史上众所指目以为开阡陌的，只有一个商鞅，为什么其余六国，井田亦都破坏呢？从来讲井田的人，都以为井田之制，不宜于人众之时。其意以为户口日增，土地总只有此数。一朝开国之初，总是承大乱之后，地广人稀，行井授之法，是没有问题的。一再传后，生齿日繁，还是人人都得一定面积的地亩，就势必至于不给了。殊不知历代所谓承平之后，田亩觉其不给，都就向来视为田亩之地言之。其实全国之内，可开辟的地方还无限。不过（一）政治上不能领导人民去开垦；（二）人民也愿意死守故乡，或者另寻他业，而不愿去开垦；（三）又或因绌于资本，而不能去开垦罢了。这还只算是社会的病态。有人说：你的话是不错，然而就使社会毫无病态，可以开垦的地方，都尽力开垦；生产技术在可能范围内，也尽量改良，然而总还是有限制的。而人口的增加，却是无限制的。那末，终不免有告穷的一日，不过迟早些罢了。殊不知人口增加，亦在现社会的状况之下则然。到那时候的社会，一切都变了，人口是否还是增加，本来是个疑问。若说还是增加；而且其增加的速率，比现在还大，则以那时候的社会，而要讲限制之策，一定是很容易的，又何劳我们代抱杞忧呢。然则开阡陌即是破坏田的疆界。田的疆界破坏了，田就从此分不均平了。治田要义，在把天下的田疆理好，来分给人，不该随各人自占所至，立为疆界。疆界的破坏，容或出于人民所自为。然而至少必得君与吏的承认，甚或出于他们的倡导。不然，在当日的人民，是不易办到此事的。所以孟子把破坏疆界之罪，都归到他们身上。井田是维持贫富均等的最要条件，疆界是维持井田的最要条件。当"各亲其亲，各子其子"之日，人民业已隐怀破坏之心；至于"上下交争利，不夺不厌"之时，君与吏又复恣行其破坏之事，于是"富者田连阡陌，贫者无立锥之地"的现象，<small>董仲舒语，见《汉书·食货志》</small>。逐渐发生，而离乡轻家，如鸟兽的人民，<small>晁错《重农贵粟疏》中语</small>。也日以滋长了。

田以外的土地——山泽，在大同小康之世，都是作为公有的，说已见前。这时候，亦就变为私有了。山泽私有的起源，依我们的推测，大约是起于有土者的掌管。《管子》的官山府海，就是掌管的一种，不过其目的，为公而不为私罢了。必先有掌管的事实，然后有如《管子》等掌管的学说，这是可以推想而知的。而当时掌管的人，其目的，必不能如《管子》的为公，也是不难想像的。西汉之世的山泽，自天子以至于封君，各自以为私奉养，<small>见《史记·平准书》及《汉书·食货志》</small>。这决非当时的人敢于把从古公共的山泽，一旦据为己有。一定是战国时代相沿下来的。即此一端，我们可以推想，当时掌管山泽的行为，是如何普遍了。掌管的行为，固然由来很久，如孟子所说"坏宫室以为污池"，"弃田以为苑囿"，实在也是掌管的一种。《滕文公下》。但是此等专为游乐的动机，未必人人都有，而且是容易矫正的。苟有贤君，弛以与民，并非难事。至于私人据之，以为生产之用，那就难说了。私人怎会据有山泽？依我们推测，还是从暴君污吏手里讨得来的。暴君污吏或者凭一时喜悦，把来赏人。如汉文帝以铜山赐邓通，令其得铸钱。又或野心之家，用某种条件，到他们手里去租借，如现在蒙古王公，喜欢把地租给汉人而收其租。就据之经营起畜牧、树艺、煮盐、开矿等等事业来。如《史记·货殖列传》中所说的人便是。这些人的成为富翁，自更无待于言了。

古代的工官，至此大约早已废坠。观汉世郡国，有工官者无几可知。日用必须的器具，不能家家自造的，势必取资于交易，自然就有人出来经营此等事业以牟利。王莽行六筦之时，下诏说："夫盐，食肴之将。酒，百药之长，嘉会之好。铁，田农之本。名山大泽，饶衍之藏。五均赊贷，百姓所取平，卬以给澹。铁布铜冶，通行有无，便民用也。此六者，非编户齐民，所能家作，必卬于市。虽贵数倍，不得不买。豪民富贾，即要贫弱。"《汉书·食货志》。此等现象，断非王莽时才有。不能家作的器具，都由工官供给的时代过去，此等现象就开始了。古代制造之家，大概是自制造，自贩卖，所以当时总称为商人。然而细加分析，实有工业在内。

至于专事贩运的商人，其得利就更大了。《史记·货殖列传》说："用贫求富，农不如工，工不如商。"《前汉纪》说："谷不足而货有余。"谷货，犹言食货。《汉书·食货志》说："食谓农殖嘉谷，可食之物。货为布帛可衣，及金刀龟贝，所以分财布利，通有无者也。"这是古人所下"食货"两字的定义。引伸起来，凡直接供消费之物，都属于食一类。用作交易手段的，都可以谓之货。"谷不足而货有余"，可见这时候的人，不是为消费而生产，乃是为交易而生产了。即此两言，就可见得当时商业的盛大。当时的商人，大约有两种：其一种，是专与王公贵人为缘的。所以要与王公贵人为缘，则因封建之世，只有他们家里，才能藏有大宗的货品。如《管子·山权数》，谓丁氏家粟，可食三军之师，后世此等藏谷之家亦多有，如《三国志》所载鲁肃指囷之事是。次则当时交通不便，商人所赍之物，贵于轻微易臧,此等都是奢侈品,亦非王公贵人不能销纳。所以《史记·货殖列传》引《周书》说:"商不出则三宝绝。"三是多的意思。普通用惯了"楚材晋用"这句话,是借货物以喻人才的。《左氏》载声子对子木说:"晋卿不如楚,其大夫则贤,皆卿材也。如杞梓皮革,自楚往也。虽楚有材,晋实用之。"可见当时将杞梓皮革,从楚国贩往晋国之事。平民造房子,固然用不着杞梓;就是皮革,主要也是做军用品的,平民著"皮屦"的怕也很少。**这是珠玉金银等,所以能成为货币的一个大原因。**汉代钱价尚极贵,可知当时平民,决无能用金银之理。中国货币,现在大家都说是银本位。其实这句话还是勉强的。在三十年代以前,平钱没有给铜圆驱逐掉的时候,内地如借贷、典押等等,写立文据,总是以钱论,不以银圆银两论。当时若写银圆银两,授受两方,都有些不安心,怕银圆银两的价格变动了,将来出钱或收钱之时,不免要吃亏。因为大家眼光中,只认铜钱为货币。中国人的使用银子,据历史上说,是起于金哀宗正大年间(公元一二二四至一二三一年),而大盛于明宣宗宣德年间(公元一四二六至一四三五年)。焚毁钞票之后。到现在,也有好几百年了。为什么还不能确定以银为单位呢? 因为银之起源,是因为当时铜钱被钞票驱逐了,零星贸易,无以为资,乃用来代铜钱用的,并不是为交易之额大了,铜钱输送授受不便,而改以银为量价之尺的。所以在中国人眼中,始终只认银子是铜钱的代用品,并不认铜钱是银子的辅助品。当时要确定银铜两币的比价,如把银圆上铸了一千、五千、十千、百千,作为铜钱的若干倍,是人人可以了解的。要说铜钱是银两的几分之几,懂得的人就少了。对于银圆,也是如此。所以中国的货币,从最近数十年以前,只好说是铜本位。其所以始终滞于铜本位的理由:则因本位不容有二,而以两种不同的实质,制成货币,确定此种为彼种的若干倍,彼种为此种的若干分之一,中国人是向来无此思想的。这并不是中国人愚笨,因为这究竟是麻烦之事,何不直截痛快,用了纸币? 所以当唐、宋之间,中国商业社会中,纸币已应自然的要求而发生了。这本是很顺利之事。惜乎后来,因政府攫取其权,借以营利,以致中途摧折了,乃不得已而用银。变用纸币而为用银,从中国货币史上论起来,实在是退化之事。若从各种本位中,择取其一,则零星贸易,一日不可缺,人人不能无;而大宗的贸易,是关系较小的。所以其势只能认铜钱为货币。所以金银等物,用为货币，是始终无此必要的。若说其物为人人所爱，所以取得货币的资格，则当初之时，大多数人怕不会要他，因为其价大贵了，人之欲望，总是先要求必须品的。所以金银等物成为货币，以至今日还辗轕不清，也是奢侈的流毒。王公贵人，懂得什么生意经？商人和他们交易，大概获利是很多的。不但如此，还可以因此而获得势力。子贡结驷连骑，以聘享诸侯，便是一个适例。《史记·货殖列传》。汉代晁错说当时商人，"交通王侯，力过吏势"，也是由此而来的。古代政治的力量强，经济的力量还较后世为弱。试看汉代贱商的法令和议论，便可知道了。假使此等法令，当时严厉执行起来，为商人者，将如之何？然而绝未闻有严厉执行之事。这大概和商人的"交通王侯，力过吏势"，多少有些关系罢？其又一种，则是专在民间做生意的。《管子》说："岁有四秋，物之轻重，相什而相百。"又说："岁有凶穰，故谷有贵贱；令有缓急，故物有轻重，然而人君不能治，故使蓄贾游于市，乘民之急，百倍其本。""岁有四秋"，谓农事作为春之秋，丝纩作为夏之秋，五谷会为秋之秋，纺绩缉缕作为冬之秋，见《轻重乙》。"岁有凶穰"见《国蓄》。所谓"令有缓急，故物有轻重"者，古时赋敛多系实物，君下令要求此物，人民就不得不出高价买来完纳了。《轻重甲》说："君朝令而夕求具，有者出其财，无有者卖其衣屦。"就是指此。这是专做屯塌生意的，即古之所谓废居。废居即化居。化即货，谓将此物转变为彼物。居则是屯积不动之意。此种生意，其每一笔的赢余，或者不如前一种之大，然而其范围较广，其交易额也较多，所以其利亦很大。

　　人是非有资本，不能生利的。既然凡物皆要据以自私，岂有资本独给人家白运用之理？于是乎有利息。《管子》说："养长老，慈幼孤，恤鳏寡，问疾病，吊祸丧，此为匡其急。衣冻寒，食饥渴，匡贫窭，振罢露，资乏绝，此所谓赈其穷。"见《五辅》。又《幼官》："再会诸侯，令曰：养孤老，食常疾，收孤寡。"可见古代救济之事，都由在上者负其责。然而因生活的奢侈，在上者且觉得惟日不足，哪有余力管到人家？于是小民颠连困苦的，便无可告诉，而在下的豪民，便乘机施其朘削。《管子》说："使万室之都，必有万钟之藏，藏繦千万；使千室之都，必有千钟之藏；藏繦百万。春以奉耕，夏以奉耘；耒耜、械器、种饷、粮食，毕取赡于君。故大贾蓄家，不得豪夺吾民矣。"见《国蓄》。可见此时农民的资本，全是仰给于大贾蓄家了。《史记·货殖列传》说："子贷金钱千贯者，比千乘之家。"又说："吴楚七国兵起时，长安中列侯封君行从军旅，赍贷子钱。子钱家以为侯国邑在关东，关东成败未决，莫肯与。"则当时已有专以此为业的人。在上的人，不但不能照管子的话，防止豪夺，甚而至于自己也做起豪夺的事来。齐景公听了晏子的话，"大戒于国，出舍于郊，于是始兴发补不足"。《孟子·梁惠王下》。这怕是很少有的事。所以后人歌颂，笔之于书。此外除非别有用心，如齐之陈氏，才肯厚施于国。"以家量贷，而以公量收之。"《左传》昭公三年。虽以孟尝君之贤，还不免使冯谖收责于薛，《战国·齐策》。下焉者更不必说了。《管子·问》："问乡之良家，其所牧养者，几何人矣？问邑之贫人，债而食者几何家？贫士之受责于大夫者几何人？问人之贷粟米有别券者几何家？"良乃对贱而言之。良家所牧养的人，就是奴隶。此外举债的，虽然一时还称为"人"和"士"，倘使逐步沉沦，恐也不能免于同一的命运？倘使有生性慷慨、不讲借贷的关系，而白白养活人家的，那就是所谓"养士"。四公子之徒，要以此名满天下了。然而所养的，也只能以士为限，至于民，到底是养不胜养的。而无衣无食之徒，遂遍于天下。而在放债的人，则不必自行劳动，而亦可以安享他人劳动的结果，则其生活愈形优裕。至此则不必有腕力，但须辛勤贮蓄，工于心计，亦可以安坐而食，而社会上乃又多一种寄生之虫。

　　经济的剧变如此，同时政治上，亦因经济的剧变，而更起变化。小康时代的争战，大抵出于权力执着之私。如争霸是。至此则更以实利为动机。所以《墨子·非攻》,要斤斤计较于其利不利。如此,争战的规模,势必扩大,而人民的兵役,就要加重。说古代制度的,在儒家有今古文之异。我们知道今文是根据较早的时代而立说,古文是根据较晚的时代而立说。如封建之法,今文说公侯皆方百里,伯七十里,子男五十里;古文则自方五百里至百里,即因其时互相兼并,诸侯之国土,皆已大了,所以立说者所虚拟的制度,亦因此而不同。今文说:师为一军;天子六师,方伯二师,诸侯一师。古文则以五师为军,王六军,大国三军,次国二军。今文说见《白虎通义·三军篇》,《公羊》隐公五年《解诂》。古文说见《周官·司马》,《序官》。其兵额就扩大了好几倍。然而这还是正式的军队。据前章所引江慎修先生之说,知古代人民,并不是全国当兵的。这并非他们不能当兵,不过不用他为正式的军队,而仅用之以保卫本地方,像后世的乡兵罢了。《左氏》载鞌之战,齐侯见保者曰:勉之,齐师败矣。可见正式的军队,虽败于外,各地方守卫之兵自在。至于战国,则苏秦说:“韩魏战而胜秦,则兵半折,四境不守。”各地方守卫的兵,都调到前方,充做正式的军队了。此战国时之争战,兵数所以骤增。然而人民的涂炭,则又非春秋以前之比了。兵役只是役之中最重难的。除此之外,因在上者的纵欲,而人民受其涂炭的,还不少。即如秦始皇破六国,写放其宫室,筑之咸阳北阪上。秦始皇的暴虐,是人人知道的。然而观于此举,则始皇之前,六国先有六个始皇了。这是举其一端。此外筑长城,略南越……秦始皇所做的事,六国没有不先做过的。见《史记》本传。

　　这时候的人民,当怎样呢?我们推想起来,则因井田的破坏,山泽的障管,再加以暴君污吏的诛求,大贾蓄家的剥削,战争苦役的死亡系虏,转于沟壑,散之四方者,固然已矣,即其仅存者,亦或不能得职,而发生所谓闲民。《周官》:“太宰以九职任万民。”“九曰闲民,无常职,转移执事。”这是以平民言,其征服阶级,亦因竞争的剧烈,亡国破家相随属。亡一个国，则此诸侯之子弟，悉降为编氓。破一个家，则此大夫的亲戚，悉沦为皂隶。《礼记·郊特牲》："诸侯不臣寓公，寓公不继世。"寓公是失国之君，寄住在他国的。照郑注说，君与夫人，仍得受国君的待遇，至其儿子，即与平民等。君之子如此，其昆弟等可知。国君如此，大夫以下可知。然而这一班人，其生活，其气质，都是和平民有异的，毕竟不能安于耕凿，于是旧阶级被破坏，新阶级即随之产生，就形成了两种人：文者谓之儒，武者谓之侠。儒者愿望大的，是想说人主，出其金玉锦绣，取卿相之尊，次之者亦想饰小说以干县令，是想在政界上活动的，所以当其时，游士遍天下。侠者则因当时列国都行民兵之制，不用募兵，上进的机会较少，乃自成一种特殊势力于民间。自然有苦心焦思，以救世为务的，如孔子墨子之徒，或就儒者加以教导，或就侠者施以感化。然而一二伟人的设教，到底敌不过多数人生活上的要求。于是儒者多成为贪饮食、惰作务的贱儒，而侠者亦多成为盗跖之居民间者了。

第八章　从大同到乱世社会意识的变迁

"人心之欣戚，岂不以其境哉"？无论怎样圣哲的人，其思想，总是随着环境而转移的。圣哲所以为圣哲，只是他富于反抗的精神；在什么环境里，他都不认为满足，总能发现其缺点，而提倡改良，而社会遂因之进化。至于说圣哲的思想，超出环境之外，而发见所谓亘古今中外不易之道，是决无此理的。因为亘古今中外不易之道，世界上本无其物。

所以社会风俗的变迁，亦可以其时的物质条件，为其基本。

隆古时代，人有协力以对物，而无因物以相争。这时候的人，对于外界即物的抵抗力极弱；又多不明白其所以然，遇见什么东西，都虑其足以为害，而要设法排除他；所以这时候的人，其对于物，是残酷的，而其对于人，却甚为平和。因为这时候，人的利益，不建筑在他人身上，而建筑在他人和我协力的基础上。野蛮人的行为，往往忽而极其平和，忽而极其残酷，我们看了，真觉得莫名其妙，其实殊不足奇。他对人的平和，是把人当作人看——和他协力的人。对人的残酷，是把人当作物看——能加危害于他的物。这时候的人，对于外人和外物，是没有分别的。我们苟被他认为是人，则其相互之间，异常平和，充满了热情，而毫无猜防之念存于其间。即其对于物，见了虽然害怕，而因不明白其所以然之故，平时却无从预防；远虑是这种人所没有的。所以这种人，总觉得俯仰宽闲，天真烂熳。

《白虎通》说三皇以前的情形，"卧之胅胅（法法），行之盱盱（吁吁）；饥即求食，饱即弃余"。就是这种境界。进而至于农耕时代，衣食饶足，生活之计不缺。对于外物，防御之力渐强；渐能了解其性质，残酷之情渐减，而其对于人，还保持着有协力以对物，无因物而相争的旧关系。人和人相与的黄金世界，就于此出现了。这就是孔子所说的："人不独亲其亲，不独子其子；货恶其弃于地也，不必藏于己；力恶其不出于身也，不必为己。"大同时代的情形如此。这时候，人对于人，只有好意。只有好意，就连好的名目——仁，也立不出来，何况斟酌于人我之间，而求其折衷至当的办法——义呢？彼此都以好意相与，自然没有加害于人的行为，更用不着什么规范——礼。所以《老子》说："失道而后德，或问道与德有何区别？答：道是客观的道理，存在于宇宙间的，与我无涉。这话在认识上讲起来不可通，但当时的哲学思想只得如此，不能以后人之见议古人。德则是有得于己。譬如人，生而手能持，足能履，这是道。知持必以手，履必以足；而且知道持当如何持，履当如何履，而遵守之，就是德。人，最初不过行乎其所不得不行，止乎其所不得不止，并不知道什么叫做道理，自更无所谓应当不应当。这时候，无所谓德。我与世界，是混而为一的。尚未知分别我于世界之外，视自身以外之物，为与我立于相对的地位。至能发觉宇宙间之定律，而有意于遵守之，则不然矣。所以只知有道的时代，较已知有德的时代，更为淳朴。失德而后仁，失仁而后义，失义而后礼。"这就是大同时代的风俗。

　　大同时代过去了，便入于小康时代。小康时代，已有治者和被治者之分。天下无阶级则已，既有阶级，两阶级的利害，总是不能相容的。不如此，便不得称为阶级。但是这时候，在上的人，也并不是只知剥削在下的人，而对于全体，毫无利益。野蛮人是怕用心思的。社会学家说："这等人，你要他用一分心思，他宁可出十分气力。"所以这时候而有能指导他们的人，他们是异常欢迎的。决不像后世人一般，发生"你为什么要指挥我？我为什么该受你的指挥"这样的疑

问。古代的酋长,往往被视为首出庶物的神圣;在文明社会中,一个
极寻常的人,跑到野蛮部落中,就做了蛮夷大长,即由于此。这时
候,在上者要滥用威权,在下者是无可如何的。如其还能宽仁,那就
更要歌功颂德了。所以这时候,在上者的道德,应该是"仁"与"智"。
在下者初被在上者征服时,自然压迫受得很利害。但是这种人,因
其虑患之疏,对人仇恨之心,初不甚切。假意的抚摩,也会视为是真
意的。而因其时并无历史一类的书籍,过去的事情,很容易忘掉。
譬如辫发,本来是中国人所没有的,当满人入关,强行雉发令之时,曾因此抗争,
流血不少,然至近代,反有认辫发为故俗的,即其一证。经过若干年后,被征
服的历史,也就忘怀。上下之分,权利的不平等,只以为生来如此
的。向来习惯了的事,是很少有人去问其理由的。何况还有狡黠之
徒,造作邪说,以愚弄其民,如中国古说,天子是感天而生的;又如印
度的婆罗门,造为自己的种姓,从梵天之口而生;刹帝利自其胁而
生;吠舍自其股,戍陀自其足等等的话呢? 所以这时候的人民,是以
"安分守己"、"忠实服从"为美德。其中有一部分人,不事生产,而受
统治者豢养的,则专以效忠于统治者的本身,及其继嗣的人和家族,
助其保守产业、地位、荣誉等为义务,是之为臣。君臣民的关系既
立,推而广之,则父子、兄弟、夫妇、长幼、主仆之间,也都生出治者和
被治者的关系。在上者亦以宽仁能领导为美德,在下者亦以效忠能
服从为美德。统治者利于这种性质的发达,处处加以奖励。被治者
也忘却万人平等,也是可以相安的,以为社会的秩序,非如此不能维
持。近代如曾国藩,即系富于此种思想的人。如其为曾割臂以疗其夫的陈岱
云妻易安人,所作墓志铭,说:"民各有天惟所冶,焘我以生托其下,子道臣道妻
道也。以义擎天譬广厦,其柱苟颓无完瓦。"即可以见其思想之一斑。旧时抱此
等思想者,不止国藩一人。总而言之,他们认社会不能无阶级;阶级间的道德,
即系社会所赖以维持。上下合力,维持这一种人与人间的关系,这便是

小康时代的道德。

假使两方面真能遵守这道德，君仁，臣忠；父慈，子孝；兄友，弟恭；夫义，妇顺；原亦可以小康。然而人，总是要扩张自己的权利的。老实说，人总不免做物质的奴隶。到自己的享用觉得不足，自然不是真的不足。而又有威权在手时，就不免要牺牲他人以自利了。在上者滥用权力，而在下者无可如何，自然也要运用手腕，以求自免。进一步，则不但自免，还可以攫取权利；更进，则上下可以易位。人和人之间充满着这种"凭借地位，滥用威权"；或"凭恃智力，运用手腕"的关系，而君臣、父子、兄弟、夫妇之道苦矣。固然秉彝之良，无时或绝，人和人之间，总能维持着相当的正义，然而在一定的情形之下，维持自然只能维持着一定的限度，而且这情形没有动摇，这限度，也就随之而有涨缩。维持人与人间的正义，自然是要有个机关的。这机关便是国家。然而国家也要有人代表他的；这代表他的人，也是人而不是神；也是在一定情形之下的，当然也只能将正义维持到一定的限度。

当这时代，交换渐次兴盛，商业渐次抬头。商业对于社会，到底是有功的，还是有罪的？这话也很难说。商业使人人觉得人己利害不相容，互相处于敌对的地位，前章业已说过了。然亦正因此故，使人能估量他人的才智；知道所谓在上者，亦是和我一样的人；他要支配我，我要受他支配，只是地位上的关系，并不是他真有什么大本领。而且知道人总是要扩张自己的权利的；在上者也是如此。有许多事情，话说得好听，其内容也只是如此。我对于人，服从与否，当然以我自己的利害为立场。开始考虑到此，在下者忠实的程度，便要减退。其服从的程度，自然也要随之而减退。人人明白自己的利害，和他人的利害，是有互相消长的关系的，自然要尽力于自卫，不容他人随意压制剥削；自然要求解放。所以也可说商业是民治主义真正的导师。然而在没有达到解放的目的以前，人和人的关系，自然更趋于尖锐化。

到此，便入于乱世了。风俗大变！人心大变！

乱世的风气，是怎样的呢？我们且具体的，描写几件出来。

到底怎样算做穷？这是很难说的。真正的穷，该是不能维持其生活，如实在冻饿得不能支持之类，然而这界线是很难定的。普通所谓穷，大抵是相形之下，感其不足，就是所谓相对的穷——比较上的贫穷。虽然在生存上也可以算是无问题的，然而在心理上的不安，则无法遏止。《孟子》所谓"万取千焉，千取百焉，不谓不多矣"，然而"不夺不厌"，这都因为有人和他相形使之然的。相形的对象不消灭，不安的心理，也永不消灭。这便是《老子》所谓"民之饥，以其上食税之多"。和我相形的人遍于天下，人人互相形，即人人感觉其不足。于是嚣然不安之心，亦遍于天下。

人是有远虑的。不但要满足现在，还要悬念着将来。而人的力量，是很微薄的。苟非大家互相保障，则陷于饥寒之渊，以至于死亡，是件很容易的事。到这时代，人人是讲市道交；人人只顾自己的利益，再没人来保障你了。人人觉得前途的可危，就人人要汲汲皇皇以言利，都觉得惟日不足。

"天下熙熙，皆为利来；天下攘攘，皆为利往"，而言利遂成为一种普遍的心理。《史记·货殖列传》说得好："贤人深谋于廊庙，论议朝廷，守信死节；隐居岩穴之士，设为名高者，安归乎？归于富厚也。是以廉吏久，久更富；廉贾归富。富者，人之情性，所不学而俱欲者也。故壮士在军，攻城先登，陷阵却敌，斩将搴旗，前蒙矢石，不避汤火之难者，为重赏使也。其在闾巷少年，攻剽椎埋，劫人作奸，掘冢铸币，任侠并兼，借交报仇，篡逐幽隐，不避法禁，走死地如鹜，其实皆为财用耳。今夫赵女郑姬，设形容，揳鸣琴，揄长袂，蹑利屣，目挑心招，出不远千里，不择老少者，奔富厚也。游闲公子，饰冠剑，连车骑，亦为富贵容也。弋射渔猎，犯晨夜，冒霜雪，驰坑谷，不避猛兽之害，为得味也。博戏驰逐，斗鸡走狗，作色相矜，必争胜者，重失负也。医方诸食技术之人，焦神竭能，为重糈也。吏士舞文弄法，刻章伪书，不避刀锯之诛者，没于赂遗也。农工商贾畜长固，求富益货也。此有知尽能索耳，终不余力而让财矣！"总而言之，是"人自为谋，惟力是视"八个字。不论为众所尊敬的人，或众所贱视之人，其内容都不外此。

因为求利的艰难，所以有时候只好连性命也不要。《管子·轻重甲》说："渾然击鼓，士忿怒，舆死扶伤，争进而无止，非大父母之仇也，重禄重赏之所使也。故轩冕立于朝，爵禄不随，臣不为忠；中军行战，委予之赏不随，士不死其列陈。故使父不得子其子，兄不得弟其弟，妻不得有其夫，惟重禄重赏为然耳。故不远道里，而能威绝域之民；不险山川，而能服有恃之国。发若雷霆，动若风雨；独出独入，莫之能圉。"《禁藏》篇也说："夫凡人之情，见利莫能弗就，见害莫能弗避。其商人通贾，倍道兼行，夜以继日，千里而不远者，利在前也。渔人之入海，海深万仞，就彼逆流，乘危百里，宿夜不出者，利在水也。故利之所在，虽千仞之山，无所不上；深渊之下，无所不入焉。故善者，势利之在，而民自美安。不推而往，不引而来。不烦不扰，而民自富。如鸟之覆卵，无形无声，而惟见其成。"顺着这种机势，以使其民，真所谓"下令于流水之原"，何为而不成？何欲而不得？然而反过来，天下处于必乱之势，你也就无法防止。因为个个人都和你拚命了。一人致死，万夫莫当，何况拚命者遍天下呢？这真是《老子》所谓"民不畏死，奈何以死惧之"？人谁不畏死呢？不过退后也是死，还不如向前，可以侥幸于万一。纵然不能侥幸，也死在将来，退后则死在目下。夫谁使之决定拚命向前呢？这和他自己所定最低限度的生存线有关系;而最低限度的生存线的决定,又和其人的生活程度有关系。所以《老子》又说:"民之轻死,以其奉生之厚。"

人和人,本来是互相亲爱的。但是人,总是先己后人的动物。自己还顾不来,哪里顾得到别人呢? 于是随着处境的艰难,相亲相爱之情,就日益淡薄了。《淮南子·齐俗训》说得好:"仕鄙在时不在行,利害在命不在智。夫败军之卒,勇武遁逃,将不能止也。胜军之阵,怯者死行,惧不能走也。故江河决,沉一乡,父子兄弟,相遗而走,争升陵阪,上高丘,轻足先升,不能相顾也。世乐志平,见邻国之人溺,尚犹哀之,又况亲戚乎? 故身安则恩及邻国,志为之灭;身危则忘其亲戚,而人不能解也。游者不能拯溺,手足有所急也;灼者不能救火,身体有所痛也。夫民有余即让,不足则争;让则礼义生,争则暴乱起。扣门求水,莫弗与者,所饶足也。林中不卖薪,湖上不鬻鱼,所有余也。故物丰则欲省,求淡则争止。秦王之时,或人菹子,利不足也;刘氏持政,独夫收孤,财有余也。故世治则小人守政,而利不能诱也;世乱则君子为奸,而法弗能禁也。"民国元年,安徽有个人,靠着他的妻在外帮佣,以为活计。约当春夏之交,他的妻生了一个女孩,因此不能出外帮佣,粮尽援绝。他恨极了,竟把新生的女孩杀死。当时登载报章,舆论哗然。其实此等事,性质相同,而形式不一——一日之中,大地之上,不知要发生若干次,不过不尽彰露;即使彰露,而社会的耳目,是病态的;有时受人注意,有时放在眼前而不见,置诸耳边而不闻罢了。以我所知,吾乡有个读书人,生女弗育;却也未曾溺女,但禁止其妻,不许哺乳,偏这女孩饿三天不死。他的妻,忍着泪,在产褥之中,频频使人看这无罪的女孩,绝命也未? 这真可谓极天下伤心之故了。这是千真万确的事。"或人菹子",岂是虚言? 这事也是读书人做的:不能改革社会制度,而空言提唱道德的听着。

　　对于亲爱的人，尚且如此，何况不知谁何的人？《韩非子·显学》篇说："今世之学士语治者，多曰与贫穷地，以实无资。今夫与人相若也，无丰年旁入之利，而独以完给者，非力则俭也；与人相若也，无饥馑疾疚祸罪之殃，独以贫穷者，非侈则惰也。侈而惰者贫，力而俭者富。今人征敛于富人，以布施于贫家，是夺力俭而与侈惰也。"这真和现在反对恤贫政策的人，如出一口了。不过韩非子到底还是离健全社会不远的人，还知道以"夫同彼。与人相若"为先决的条件而已。然而究竟相若不相若，也是很难说的。即使真是如此，而"母之于子也，贤则亲之，无能则怜之"。《礼记·表记》。果使全社会而都以善意相与，难道就养不活这几个较为懒惰的同胞么？至于奢侈，则社会制度，果然良好，就有性好奢侈的人，也是行不出奢侈之事来的。譬如没有赌场，向哪里去赌？没有窑子，向哪里去嫖？用现在的眼光看来，侈惰的人，原只算一种病理。《庄子·则阳》篇说得好："柏矩之齐，见辜人焉。推而强之，解朝服而幕之，号天哭之曰：'子乎！子乎！天下有大灾，子独先罹之。'曰莫为盗，莫为杀人。荣辱立，然后睹所病；货财聚，然后睹所争。今立人之所病；聚人之所争；穷困人之身，使无休时，欲无至此，得乎？匿为物而愚不识；大为难而罚不敢；重为任而罚不胜；远其涂而诛不至；民知力竭，则以伪继之。日出多伪，士民安取不伪？夫力不足则伪，知不足则欺，财不足则盗。盗窃之行，于谁责而可乎？"定一条法令，叫全国的人民，都要来射覆，射不中的，剥夺其公民权，这叫做"匿为物而愚不识"。在长江最阔之处，架一座独木桥，强迫人走过去，趑趄不前者，推堕江中，这叫做"大为难而罚不敢"。起重机所起之物，叫人来起，起不起的杀，这叫做"重为任而罚不胜"。叫人和马赛跑；或者是追火车，跟汽车；赛不过者监禁；追不到者罚金；跟不上者，罚作苦工，这叫做"远其途而诛不至"。这合理不合理？然而法竟如此立了；不识、不敢、不胜、不至的人，竟是罪无可逭的。这除"假造成绩"、"私更标准"之外，更有何法？这就是所谓"民知力竭，则以伪继之"。固然，天下作伪的人，并非都处于如此为难的境地。然而这亦由先有不合理之法，造成作伪的世界，使他们习见习闻，以致不能自拔。寻常人不能自拔于环境之外，原是不足责的。此即所谓"日出多伪，士民安取不伪"。照《庄子》说来，所谓辜人，他自己丝毫不能负责。然则是谁之罪呢？只好说"天下有大灾，子独先罹之"了。刑伤过犯，和水火刀兵，只是同一的不幸。"谁之罪"？这真是可以深长思之的问题了。

　　"此惟救死而恐不赡，奚暇治礼义哉"？孟子语，见《梁惠王上》。《韩非子·五蠹》篇说得好："古者丈夫不耕，草木之实足食也；妇人不织，禽兽之皮足衣也。不事力而养足，人民少而财有余，故民不争。是以厚赏不行，重罚不用，而民自治。今人有五子不为多；子又有五子，大父未死，而有二十五孙。是以人民众而货财寡，事力劳而供养薄，故民争。虽倍赏累罚，而不免于乱。尧之王天下也，茅茨不剪，采椽不斫；粝粢之食，藜藿之羹；冬日麑裘，夏日葛衣；虽监门之服养，不亏于此矣。禹之王天下也，身执耒臿，以为民先；股无胈，胫不生毛，虽臣虏之劳，不苦于此矣。以是言之，夫古之让天下者，是去监门之养，而离臣虏之劳也，古传天下而不足多也。今之县令，一日身死，子孙累世絜驾，故人重之。是以人之于让也，轻辞古之天子，难去今之县令者，薄厚之实异也。"这可见所谓"廉让之节"，也全是环境所造成了。朋友相与之间，古人说"久相待也，远相致也"。《礼记·儒行》。后世却变为"入门各自媚，谁肯相为言？"《古乐府》中语。亦由于此。

　　廉让之节既亡，则凡事都可以枉道而行之，而舆论遂变为无价值。在风气敦朴之世，舆论是最见得公是公非的。所以孔子说："斯民也，三代之所以直道而行也。"《论语·卫灵公》。在这时候，好的人，固然不能以曲说毁谤；坏的人，也无从以私意辩护。所以孔子说：

"孝哉闵子骞，人不间于其父母兄弟之言。"《论语·先进》。孟子也说：
"暴其民甚，则身弑国亡；不甚，则身危国削；名之曰幽厉，虽孝子慈
孙，百世不能改也。"《孟子·离娄上》。此等正当的舆论，对于个人，制
裁之力最强。古人最重孝，而《礼记·祭义》篇说孝，是："使国人皆
愿然曰：幸哉有子如此！可谓孝也已。""惧修名之不立"，自无人敢
为非作歹了。观以上所引诸文，可知此等风气，当春秋战国时，仍有
若干存在。然而其崩坏也始于是时。"子张问士，何如，斯可谓之达
矣。子曰：何哉，尔所谓达者？对曰：在邦必闻，在家必闻。子曰：
是闻也，非达也"。"夫闻也者，色取仁而行违，居之不疑，在邦必闻，
在家必闻"，《论语·颜渊》。可见有积极的违道以干誉的人。"行何为
踽踽凉凉？生斯世也，为斯世也善，斯可矣。阉然媚于世也者，是乡
愿也"。《孟子·尽心下》。可见有消极的模棱以避谤的人。好恶之不
公，固然由于干誉避谤者之欺人，亦由大多数操毁誉之权者，自己先
有弱点，然后为其所欺。其弱点在哪里呢？则由其毁誉，不以所毁
誉的人的行为为标准，而以自己的利害为立场。明明知其是坏的，
而慑于其势，则不敢毁；曾受其恩，则不肯毁；要和他结为党羽，则甚
且矫情誉之。明明知其是好的，而因其人有负俗之累，自己也要干
誉，也要避谤，怕誉了他，自己也要被谤，则不敢誉；甚而违心毁他。
明明有害之事，而自己有利于其中，则可以曲意鼓吹。明明有益之
事，而于私计不便，则可以胥动浮言。总而言之：天下的人，并不是
都可欺的，本来大都不易欺的，所以可欺，而且易欺，全由其为私意
所中，而其所以为私意所中，则全由其以自己的利害为立场之故。
所以毁誉之不正，其根原，乃在人和人的关系，先不正常之中。"子
贡问：乡人皆好之，何如？子曰：未可也。乡人皆恶之，何如？子
曰：未可也。不如乡人之善者好之，其不善者恶之"。《论语·先进》。
可见是非好恶之纷然淆乱了。至此，才有独行之士，毅然自行其是。

到独行之士出现时，我们就知道这时代的舆论，是反社会的了。

　　舆论既乏制裁之力，则所以维系社会的，就要专恃法律。然而法律亦随社会的变化，而成为反社会的东西。这是怎样一回事呢？社会的和反社会的区分，就是道德的和不道德的标准。所以法律而果能维护社会，就要维护道德。质言之，法律和道德，应该是一致的。然而二者之间，久已分歧了。明知其居心不可问，而却无法驳他，这种话，唤做"官话"。这是旧名词。换一句现在的话说，就是合乎法律的话。然则合乎法律的话，可能是不合乎道德的。同理，合乎法律的行为，也可能不合乎道德。而合乎道德的行为，就可以不为法律所保护。然则法律是不是反道德的呢？此其转变，亦在春秋战国之世。道德与不道德，是判之于其动机的。"正其义不谋其利，明其道不计其功"，到底是颠扑不破的话。所以法律之所保护，所惩治，着眼于其动机与否，就是其合于道德与否的凭证。凡较早的法律论，无有不注重于动机的。譬如说："听讼，吾犹人也；必也，使无讼乎。无情者不得尽其辞；大畏民志，此之谓知本。"《礼记·大学》。又如说："如得其情，则哀矜而勿喜。"《论语·子张》。都有推求其动机，是否合乎道德的意思。必如此，社会的善良风俗——不是现在法律上所谓善良风俗——才能维持得几分。郑铸刑书，晋作刑鼎，叔向、孔子所以要加以剧烈的反对，即由于此。《左氏》昭公六年，二十九年。犯罪与否，以及其罪之轻重，全由在上者斟酌情理而定，固然不能无弊。然在上者苟无私意，则因人人意中标准之不一，以至用刑轻重不伦之弊，与能斟酌其动机，而施以赏罚，因而能维持人与人间的几分善意之利，两者相消，而利恒觉其有余。然此亦以在上者无私意——即其所怀挟者亦为善意为限，至操用法之权者，而亦怀挟恶意，其情形就大变了。《礼记·王制》说听讼之法："疑狱，泛与众共之；众疑，赦之。"舆论的公平，亦是制裁用法者，使之有所惮而不敢放肆的重要条件。到后来,这条件亦消灭了。于是法律亦跟着变化,其所维持不过社会上最低限度的秩序。过此以往,就都不能问了。遂有明知其有利于社会的,而不能加以保护;明知其为反社会的,而无可如何,而且不得不加以保护之事了。而法律遂自成为反社会的东西。

法律又失效力,所以维持社会的,就要靠宗教了。关于宗教问题,从前人的议论,我以为宋儒辟佛的话,有相当的理由。他们有一种议论:以为佛法之行于中国,精神方面,是由中国礼义之教已衰,所以佛教得以乘虚而入。物质方面,则因一切养民之政,都已废坠,穷人多了,僧道亦成为一种谋食之方,因而二氏之教盛行。二氏之盛行于中国,其原因,或非宋儒所能尽知,抵排异端,攘斥佛老,在后人也久视为不成问题。宋儒排斥二氏的话,也诚然有许多不成问题的。但其所论宗教和社会组织的相关,则不能不承认他含有若干真理。宗教是慰安精神之物。精神而需要慰安,必其中先有所不足。最初的宗教,是如何产生的呢?因其时的人,知识程度甚低;外界什么现象,都不明白其所以然;对于其力之大而足以加害于我的,就不免发生恐惧之心;若其能有益于我的,则又不胜其感谢之念;所以祭祀之义,不外乎“祈”、“报”两端。这可说:因为人对于自然的认识自觉其不足,而宗教因之产生的。社会进步,人对于自然的知识增加,抵抗之力亦渐大。对于天行之力,不甚怕他了。而且知道他并不是和有意识的人一般的;其为益为害,都非有意的;在他不过行乎其不得不行,止乎其不得不止;既无所用其恐惧,并无所用其感谢。如此,则人对于自然,感情日淡;而其宗教思想,乃纯以社会上的缺陷为其基础。人生在世,总有不能满足的欲望;于是有死而升天,在天上享乐;或来世托生于富贵之家等思想。人生在世,总不能无不能平之事;于是有死为厉鬼以报怨等思想。凡若此者,悉数难终,而总有一社会组织上的缺陷，潜伏于其后则一。譬如死，是人所最畏惧的，因而宗教上就有不死的思想。灵魂不死，和肉体不死，其不死之方法虽异，其为不死则同。这到底是天然的缺陷呢，还是社会的缺陷？固然，人无不求生，而且无论如何完善的社会，亦无法令个体不死。然而求生只是欲望之一；而人的欲望，是应乎其生理状态的。衰老的人，精神气力，都渐渐完了，自然也无甚欲望。逮其渐灭净尽而死，不过如劳者之得息，倦者之知归，原也无甚可怕。就旁人看了，也无甚可哀的。《唐书·党项传》说："老而死，子孙不哭。少死，以为夭枉，乃悲。"这种风俗，在自称为文明的人看起来，一定要诮其薄。然而这正是他们的社会，变态未甚之征。生时无甚不足，所以至于老死，也不过行所无事。至于我们，"出师未捷身先死，长使英雄泪满襟"，"但恨在世时，饮酒不得足"，无论为公为私，是小是大，人生在世，总觉有许多缺陷。确实，这时代，一个人在社会上，所负的责任，也比以前重了。如为儿孙作马牛，即其一例。大同时代，个人的生活，均系社会所保障，此等问题，自无从发生了。如此，到临命之时，自然要割舍不掉，遗恨无穷。而旁人看到他，也觉得可哀。念他在世上，曾忍受着这些，而今还带到九泉去。若正常之社会，则何有焉？事事是"常"，事事是"顺"，自然生于其中的人，个个能"安常处顺"。生老病死，人事之常，有何难割难舍？而亦何可哀之有？"龟长蛇短"。人生的修短，原不是论岁月的久暂，而是论其心事了与未了。然则病态的社会里，即使活到百岁，也还算不得长寿；也还算不得正命；就等于党项人所谓夭枉，又何怪本人的留恋，旁观的悲伤呢？而况乎还有连岁月也很短促的。死是人之所大恶，也是最不易用人力弥补的缺憾，然而其成为缺憾，还是由于社会组织的不良，而不是属于天然的。然则天然是无缺憾的；一切缺憾，悉由人事之不良。所以我说：宗教的根源，就是社会的病态。

　　中国人是最讲现实的。所以宗教上最重要的信条，就是"行了好心有好报"。而其所谓好报，都在现世。所谓"福善祸淫"；所谓"积善之家，必有余庆；积不善之家，必有余殃"，都不外这种思想。使此说而果有威权，固亦足以维持世道人心。然而天下人，究竟是不可欺的。除掉至愚之人，你总得给他一点证据看，他才相信。行了好心有好报，这本是拿不出证据来的。而就经验所及，却屡有相反的证据。社会愈坏，则正面的证据愈少，而反面的证据愈多。因为福善祸淫，基于赏善罚恶，这本是人事而不是天道。所以宗教也并不足以麻醉人。在中国，几曾见迷信之士，肯忘身舍命，以卫护一种宗教来？在外国，此等事诚然有之，然必其社会，因迷信之笃，而能表见出一种力量来，使信教之士，在实际上或精神上，自觉能得到一种满足，这实在还是人事，而不是天道，实在是有效验可见，证据可得，而并非以空话骗人。假使毫无证据，而还肯相信，这一定是极无用的人，本来不能为恶，麻醉他做什么？而麻醉了他，徒然使他结想于虚无之中，而忘却现实的奋斗和反抗，因而强者更得横行。姑妇之勃谿，夫妇之反目，债权债务之纠纷，屡见弱者悬梁服毒，投井跳河，几曾见强者因此而有所畏怖来？程明道说："至诚贯天地，人尚有不化，岂有立伪教而人可化乎？"答佛法果报，系为下根人说法之问。再不要以为空话可以骗人。这等虚设之局，不要到现在，几千年前的人，就看得穿而又穿了。谓予不信，请读《史记》的《伯夷列传》。

　　一班空言提倡道德的人，最喜说宗教可以慰安人的精神，而使之满足，而其实际的情形是如此，然则所谓满足者安在呢？"使我有身后名，不如即时一杯酒"，怕也是现代的宗教徒，同有的觉悟罢？不然，为什么和尚、道士、基督徒等等，其大多数，语其实，总不过是饭碗问题，甚而至于是享乐问题呢？

　　乱世的情形如此。请问现在的社会，是不是这样？

第九章　先秦时代对于社会改革的诸派

"积劳始信闲为福,多病方知健是仙"。这还是闲过来、健过来的人。假使有人,生而劳苦,从来未识安闲;生而疾病,从来未知康健,他就要以劳苦和疾病,为人生的本然了。人的记忆力,是很弱的,不过数十百年,而其事已若存若灭了,何况经过几千万年?习惯于乱世,以为世界本只如此;人不过是如此的动物,只会造出如此一个世界;地球之上,再无实现一个乐园的可能;后世的人差不多通有这种思想。"人有悲欢离合,月有阴晴圆缺,此事古难全",而这世界,就永远成为缺陷的世界了。这真如深渊之鱼,久而丧其目了。周秦间的人思想则不然。其时去大同之世未远,离小康之世则更近;虽说已入于乱世,而大同小康时代的遗迹,总还有若干保留的。偏僻地方,多保存旧时代的风俗,是古今一辙的。春秋战国时代,也有一种议论,说文明之国,反不如野蛮之国,如由余对秦穆公的话,见《史记·秦本纪》。即是此理。观此,可知当时偏僻未进化之区,必有若干古制存在。故老之流传,书史所记载,其材料就更多了。社会本不是如此坏的;而当前的社会,只是一个变态,总可以设法使之恢复常态的;也是其时的人,公有的思想。既然如此,当时的学者,对于社会改革问题,当然可有较彻底的意见了。我们现在,把它分为五家:

第一道家。道家对于社会改革的主张,是最彻底的。他的宗旨，是要想把社会径挽回到大同世界的。道家的宗旨，在于"归真返朴"。这四个字，被后来的人误解了，以为要归真返朴，便要把一切物质文明摧毁，而其事遂不可行。其实物质文明的进步，初不必和社会组织的复杂相平行。就现在世界上看，这两种现象，确是互相随伴的，然而这不过是偶然的事实，并非其间有必然的道理。人的知识也不是两者同时并进的。试观科学家不必定通世故，其在社会上应付的手段，或反较普通人为拙可知。更试将现在文明国中，学习科学的设备和环境，都移到野蛮部落中去，包管其人也会精通科学的。只要其余的环境，不相随以俱去，包管其人还是淳淳闷闷。有人说："学问技术的进步，全是由于私产之故，因为发明家可得巨大的利益。"这话更荒谬了。到底发明的动机，是爱好真理，还是在牟利？这要请查一查历史再说话。世界上的有发明，几十万年了。私产制度，则不过数千年。从前人所发明，固然较现代史为差，然而这是文明累积的结果。试问古人所发明，又谁悬赏为之奖励呢？至于社会科学的精深，则本是社会的病态。因为其所研究的对象，本是社会的病理。譬如货币，在现在，也成为专门学问了。然而没有交换，哪有商业？没有商业，哪有货币？货币尚且没有，何从成为专门的学问呢？请问汉以前可有治天痘的方子？南北朝以前，有研究霉疮的医书否？这是举其一端，其余政治、法律、军事……可以类推。以我们耳目之所睹记，固然物质文明进步的社会，其组织总要复杂些，而其中之利弊，遂随之而增多。譬如我们在乡僻之地，造几间土墙茅屋，筑墙和盖屋的人，决不能大敲我们的竹杠。要在通都大邑，造几间华式或洋式的屋子，就不然了。瓦匠、木作、工程师、建筑公司，都可以大敲竹杠的。我们竟无可如何，甚且没有知道。然则社会愈进步，知识技艺愈专门；知识技艺愈专门，社会的组织，势必随之而复杂。因为"一人之身，而百工之所为备"，势不能皆"自为而后用之"，势必请教他人，而要请教他人，则因智识之悬殊，他要敲起竹杠来，势必至于无可如何，甚且不会知道。然则欲使社会的关系，回到简单，除将一切物质文明摧毁，更有何法呢？这话差了。大家知道，和人交涉最易上当的,是律师和医师。然而律师和医师,所以给你当上,并非由于他智识的专门,而是由于他的利害和你的相对之。你的当越上得大,你的钱越出得多;你的钱越出得多,他的荷包就越装得满。假使不在这种情形之下,你和他并无利害关系,只是和医师闲谈病理,请律师讲演法律而已,我敢保管他,决不给你当上的。瓦匠、木作、工程师、建筑公司和你的关系,亦系如此。同理:若有一种组织,使人的利害彼此相同,则人和人的互相扶助,自无可疑。人的性质,是环境铸成的。处于互相扶助的社会里,其性质自然和现在大异。如此,人人遵守道德,连仁义的名目都用不着,决不是不可能的。老子说:"民之难治,以其上之有为。"这句话最有道理。因为上之治下,必用权力。用权力,固然可以治好一时,矫正一事,而从此世人就知有权力了,对于比他弱的人,就都要使用起权力来。倘使遇见比他强的,则又变形而成为狡诈,天下就从此多事了。所以说郅治之世,必是淳淳闷闷的。但这所谓淳淳闷闷,只是指人对于人的关系。彼此都无计划利害之心,因之不分人我,和天真未凿的孩子一样。至于对于自然界的知识,和驾驭自然的能力,还是要求其进步的。哪怕比现在再突进几百几千几万步,只要社会的组织,能使人之利害,立于共同之点上,地球上就是乐园。

第二农家。中国人向来有崇古之癖,这也并非无因而然的。我们的物质文明,在后世,固然总较古代为进步,而且确是逐渐进步的。然而社会组织,则从大同降至小康,从小康降入乱世,确是逐渐退步。在现在而求社会进步,只有两条路可走:其一,是人的能力,再比现在增高。不论道德、智识、才能,都要比现在增高数十百倍。夫然后能将现在人所不能措置的艰难复杂的问题,措置得妥妥帖帖。二则社会比现在简单。一切艰难复杂的问题,都消灭了。由前之说,生物学证明其不可能。由后之说,则从前的世界,本系如此的。不过因我们在进化的路上，偶然走错了一个方向，又未能不远而复，遂至歧之又歧，迄今还徬徨中野罢了。由人力曾经做到的事，虽然失去，必可以人力恢复之，我们要有这信心。而其方法，则道家之言，深可考虑。农家也是和道家一鼻孔出气的。只可惜其说无存，只有许行之言，还吉光片羽，保存于《孟子》中罢了。《滕文公上》。然而也是深可玩味的。许行说："贤者与民并耕而食，饔飧而治。"这个，在健全的社会里，本系如此的。须知我们所谓政府，包含两种性质，一种是治理公务的性质，我们可以替他取个名字，唤做账房性质。一种是权力压迫的性质，亦可以替他取个名字，唤做军警性质。人和人的利益，互相冲突了，军警性质，才成为必要。亦因其利害关系的复杂，账房中的事务，乃觉其纷繁。若在人人相诚相与的社会中，事务既极简单；复杂都由人对人的关系而来，统带一师兵，决不如管理一个小学校容易。管理一件大机器，和管理一件小的机器，却是无甚区别的。而其法，又不待以权力守之而自固，则所谓政府，不过和现在任何团体中的执行委员一样，何不可"并耕而食，饔飧而治"之有？再者：从乱世回到小康，从小康回到大同，自然是要经过相当的手续的。道家说："剖斗折衡，而民不争。"这话最使人怀疑：明明有争在这里，如何能先去其平争之具呢？殊不知此处的"斗衡"二字，乃指争夺之原言之，并非指斗衡其物。争必有其原。苟能举争之原而去之，哪里还用得到平争的器具？争之原是什么呢？美恶之相形，即是其中的一事。诚如孟子之言："夫物之不齐，物之情也。"我们无法使人认美恶之物为同等。然而美恶之物，纷然杂陈，任人各视其力，以从事于争夺，此等社会制度，则是人力可以防止，可以矫正的。许子之道："布帛长短同，则贾相若。麻缕丝絮轻重同，则贾相若。五谷多寡同，则贾相若。屦大小同，则贾相若。"论量不论质，就是要粗的驱逐精；使全社会之人，享用的程度一律。孟子说：质之不同，尤其量之有异。论量不论质,一定没有人肯做精的。而不知许子之意,正要如此。这话就驳得不相干了。然而许子之道,决不是使社会退化的。要享用大家享用,这本是人和人相处当然的道理。譬如一家之中,子弟糟糠不饱,而父兄日饫珍羞,可乎?古人说:"雕文刻镂,伤农事者也。锦绣纂组,害女红者也。"景帝后二年诏,见《汉书·本纪》。现在世界上,就因消费自由,所以制造奢侈品的人多,而从事于必要品的生产的人,就形其不足。倘使行许子之道,社会进化到第一级,大家就只准为和第一级生活相当的消费;到生活程度进化到第二级,消费才跟着提高一级;三级四级以上,莫不皆然。社会的文明,还是会进步的。而因苦乐之不平,以致酿成乱事,阻塞进化之机,甚至把已造成的成绩又毁坏了,这等事都没有了,社会就进步得更快。

第三儒家。儒家的主张,不及道家和农家的彻底。他虽然也梦想大同时代,然而其所提出的办法,都是根据于小康时代的。他普通的议论,也都称颂小康时代的几个人,如禹、汤、文、武、成王、周公等。后来尊信儒家的人,大都即认此项办法为满足。对于更高一层的境界,反加以排斥。此种人居其最大多数。间有少数,承认自此以上,还有一层更高的境界,如《宋史·文苑传》载罗处约作《黄老先六经论》,说:"六经之教,化而不已,则臻于大同。"这种人就是凤毛麟角了。承认小康之治,即为登峰造极之境,此等见解,实在是不合理的。因为天下无阶级则已,有阶级,则两阶级的利害,总是不能相容的。小康的理论,是等级的高低,比例于其才智的大小。《荀子·荣辱》:"夫贵为天子,富有天下,是人情之所同欲也。然则从人之欲,则势不能容,物不能赡也。故先王案为之制礼义以分之,使有贵贱之等,长幼之差,知愚、能不能之分,皆使人载其事,而各得其宜;是夫群居和一之道也。故仁人在上,则农以力尽田;贾以察尽财;百工以巧尽械器;士大夫以上,至于公侯,莫不以仁厚知能尽官职;夫是之谓至平。故或禄天下而不以为多;或监门御旅,抱关击析,而不自以为寡。故曰:斩而齐,枉而顺,不同而一。夫是之谓至平。"这一派议论,是人人认为合理的。其实所做事业之不同,是各人兴趣之各异,并无因此分别报酬厚薄的理由;而人各有能有不能,亦是天生成的性质,难能可贵的事业,并非悬重赏所能养成的。所以荀子此等议论,我们只认为是社会已分等级后所生出来的一种解释。至于究极之义,则我们认为许行的话,是不错的。并耕而食,饔飧而治,生活不和其所从事的工作相关,更无论因此而分厚薄了。说起来,似乎也很言之成理。然而实际哪有这一回事? 总不过凭恃一种力量的人,占据着社会的上位,因而盘踞不去罢了。以才智的大小,定等级的高低,不过是事实既成之后,所生出来的一种解释而已。

　　儒家的意思,到底是以小康为已足,所谓大同,不过心存慨慕,并不希望其实现于后世,亦不以为可以实现于后世的呢? 还是别有一种理论,一种方案,而无传于后呢? 这个问题,在后世,随各人的主观,而其答案不同。我们在今日,亦很难作十分肯定的答案。但观于《礼器》篇中"礼,时为大"一语,则儒家似乎确有较彻底的主张。"时为大"的注脚,是"尧授舜,舜授禹,汤放桀,武王伐纣,时也"。禅让放杀,是就当时的历史所举示的一个最显著的例。礼也者,"因人之情而为之节文"。有怎样的人情,就替他定怎样的节文。至于人情的变更,则是定礼范围以外的事,礼家可以置诸不问。古代所谓礼,范围是很广泛的。政权的授受,也是礼的一种。照《礼运》的说法,"人情而协乎禅让",禅让就是当行之礼,"人情而协乎放杀",放杀就是当行的礼。然则人情而协乎民主,民主就是当行的礼,人情而协乎苏维埃,协乎法西斯蒂,无不皆然。然则岂有执定一时之法,而强已变之人情以就之之理? 固执旧礼教,以为天经地义,以致于转以治害,如近人所诋旧礼教吃人之类,其非礼教之咎,而为拘墟小儒之不克负荷,不待言而可明了。无论哪一种学问,盛行的总是普通之论为多；其中较高的议论，总在若存若亡之间。这(一) 因传述学问之人，中材多而上智少。(二) 则接受此传播之人，更是中材少而下驷多。所以昔人亦说：仲尼没而微言绝，七十子丧而大义乖。刘歆移让太常博士的话，见《汉书》本传——《楚元王传》。刘歆排斥今学家的话，是靠不住的。但这两句话，却是事实。从孔子没后，传至汉朝，儒家的要义，已不知散失多少了。即如《春秋》，"文成数万，其指数千"，该是条条有义的，可是现在的《公羊》，空存其条文的居其强半，就是一个证据。又致慨于"书缺有间"，"非好学深思，心知其意，固难为浅见寡闻者道"，《史记·五帝本纪赞》。儒家的议论，其不能执今日所有之书，而自谓足以尽之，就更彰明较著了。但儒家普通的议论，足以匡正社会的，亦复不少。譬如《礼记·坊记》说：有礼则"富不足以骄，贫不至于约"，这可见消费总该有个规范，和世俗有了钱，便可无法无天，任意所欲的，大不相同了。狗彘食人食，而不知检，孟子因之，严切责备梁惠王。然而梁惠王不过不知检而已，究竟不过一个失察处分。上海早几年，有人在番菜馆里，天天定购牛肉若干，供给狗吃，而自己坐着摩托车去取，这岂但不知检而已。此等事可否自由？假使实行儒家的教义，能否自由？然而儒家此等教义，为什么都不行，单剩几条责备弱者的教义，变本加厉，致被礼教食人之讥呢？无他，道德的教条和法律，都是强者的工具，甚而至于是其武器。强者之所便，则变为不可干犯的天条；其所不便，则变成僵石罢了。这是不论什么教义，都是如此的，正不必独为儒家之礼教咎。

　　其四法家。法家经济上的眼光，似较儒家为进步。儒家但注重于地权，法家则兼注重于资本。社会进步了，"一人之身，而百工之所为备"，断不能皆"自为而后用之"，势不能不"通工易事"，而交易之事，遂必不能免。交易的初期，"以其所有，易其所无"，各得所欲以去，原无所谓吃亏便宜。迨其日益兴盛，而商遂成为专业，则生产者一方面，非商无以售其有余；消费者一方面，非商无以给其不足。因为生产者和消费者，无从直接；且皆不知外面的情形，而所谓市场，遂为商人所控制。给与生产者和消费者的利益，都只是最小限度；其余都入于商人。所以当工业资本未兴起前，商人是社会上唯一的榨取者，而其余都是被榨取者。复次，生产技术愈进步，则资本之为用，愈形重要；而其物不能人人皆有。于是占有资本的人，在分配利润时，就可以攫取一大部分；不但其资本所应得的利子而已。此等情势，当春秋战国之时，早已开始。所以法家所主张的：第一，凡有独占性质的事业，都该归之于国家，如《管子》所谓"官山海"。《管子·海王篇》。第二，凡轻重敛散之权，宜操之于上。这就是官营商业，使商人无所谋大利。如《管子·国蓄》篇说："民有余则轻之，故人君敛之以轻。民不足则重之，故人君散之以重。""敛积之以轻，散行之以重"，则"君必有十倍之利，而财之橫可得而平"。如其不然，则"民人所食，人有若干步亩之数矣，然而民有饥饿不食者。何也？谷有所藏也。人君铸钱立币，人有若干百千之数矣，然而人事不及，用不足者，何也？利有所并也"。所以"人君非能散积聚，钧羡不足，分并财利，而调民事"，则虽"疆本趣耕，铸币无已"，徒然使"下民相役"，必不足以为治。《汉书·食货志》：王莽下诏，说"《乐语》有五均"。注引邓展说：《乐语》是河间献王所传。又引臣瓒（瓒）说：其文云："天子取诸侯之土，以立五均，则市无二贾，四民常均；强者不得困弱，富者不得要贫；则公家有余，恩及小民矣。"这便是古代官营商业之事。《管子·揆度》篇所说百乘、千乘、万乘之国立市之制，亦可参看。第三是借贷之权，当操之于上。人是无资本不能生产的，只得借贷之于巨贾蓄家，而巨贾蓄家，往往因此而邀倍称之息。于是生产之所得，大都为其盘剥以去；而劳力的人，依旧不免于饥寒。这就是《管子·轻重甲》篇所说："万乘之国，必有万金之贾；千乘之国，必有千金之贾；百乘之国，必有百金之贾。""乘其币以守民之时"，"贫者失其财"，"农夫失其五谷"，遂至于"一国而二王"。《管子》的办法，则《国蓄》篇说"使万室之都，必有万钟之藏，藏繦千万；使千室之都，必有千钟之藏，藏繦百万。春以奉耕，夏以奉耘；耒耜、器械、种饷、粮食，毕取赡于君"，那就"大贾蓄家，不得豪夺吾民"了。国家安得如此巨大的资本呢？则仍恃轻重敛散之术。《山至数》篇说："国之广狭，壤之肥饶有数；终岁食余有数。彼守国者，守谷而已矣。曰：某县之壤广若干，某县之壤狭若干，则必积委币。于是州县里受公钱。""泰秋，君下令，谓郡县属大夫里邑，皆借粟入若干。""泰夏，赋谷以市橡，民皆受上谷，以治田土。"泰秋，再"敛谷以币"，如此，就循环不穷了。法家经济的政策，十之八九，存于《管子》书中。对于经济进化的认识，法家可以说最深，道家可以说最浅，这或者也是时代使然。所以法家之言，也是很可考虑的。自汉以后，深知其价值的，只有一个桑弘羊，惜乎行之不得其法，别见下章。以上是就法家特有之点而言。至于制民之产，要求其平均；消费一方面，要有一定的规范，自然其议论也是和儒家相同的，今不赘及。

第五墨家。墨家是卑之无甚高论的。他所提出的，只是一个救时的实行方案。其于高深的学理，是不甚提及的。他主要的办法是节用。非乐、节葬，是节用的条件。所以鼓动人，而希望其实行的，则是兼爱。天志、明鬼，是达到兼爱的手段。当时庄子讥刺他，说："其道太觳。""墨子纵能独任，奈天下何？"见《天下篇》。殊不知墨子所陈，乃系凶荒札丧之变礼；即社会遇天灾人祸，以致困穷时的办法。社会当困穷之时，用度应较平时为减省；而其减省，是应合上下而皆然，古代本系如此。譬如《礼记·王制》篇说："三年耕，必有一年之食，九年耕，必有三年之食。以三十年之通，虽有凶旱水溢，民无菜色，然后天子食，日举，以乐。"又如《曲礼下》篇所说："岁凶年谷不登，君膳不祭肺,马不食谷,驰道不除,祭祀不县,大夫不食粱,士饮酒不乐。"《玉藻》篇所说:"至于八月不雨,君不举。"便是古制之可考的。卫文公遭狄难,而大布之衣,大帛之冠;齐顷公有鞌之败,而七年不饮酒,不食肉,也还是行此等古礼的。以齐顷之事推之,则越勾践的卧薪尝胆,亦不过行此等古礼,而后遂衍为过甚的传说罢了。"庖有肥肉,厩有肥马,……民有饥色,野有饿莩",《孟子·梁惠王上》。"凶年饥岁,君之民,老羸转乎沟壑,壮者散而之四方者,几千人矣,而君之仓廪实,府库充",这本是社会规制已废坏后的现象。假使当仓廪实,衣食足,虽有凶旱水溢,民无菜色之时,而墨子还要勤生薄死,主张非乐节葬,那自然类乎无病而呻。然而春秋战国之世则何如? 这时候,一部分人的用度,虽然奢侈,然合全社会而观之,是否是凶荒札丧的世界? 庄子说"其道大觳",其如全社会的生活程度,只得如此。满堂饮酒,一人向隅而饮泣,则四坐为之不乐,何况"劝客驼蹄羹,霜橙压香橘;暖客貂鼠裘,悲管逐清瑟";"朱门酒肉臭",而"荣枯咫尺异",启视门外,便见"路有冻死骨"呢? 古人利害共同,报恩和同甘共苦之心,都较后人为发达。所以宰予要短丧,而孔子诘以"食夫稻,衣夫锦,于女安乎"? 又说"女安则为之",《论语·微子》。如庄子之言,我们也要用孔子诘问宰予的话,反诘他了。至于荀子,说:"不足非天下之公患,特墨子的私忧过计。"照他的说法,只要凡事都有办法,不足是不成问题的。见《富国篇》。这话说来似乎也很有理。殊不知荀子所说的,是古代的所谓礼,而墨子所提出的,也是古代的所谓礼。礼之隆杀,视乎其时,当凶荒札丧之时,而仍行平世之法,那是蔡京的所谓丰亨豫大了。墨子之政是法夏,而儒家说夏之政忠;又说"救僿莫若以忠",《史记·高祖本纪赞》。可见儒、墨相通。当社会困穷之时,君臣上下,都应以哀矜恻怛之心,行勤生薄死之事,这原是人心之同然,而亦即是天下之公理。讥刺墨子的人,只是不明于其说的立场而已。墨家还有一句话,可以特别注意的,就是墨家巨子所说的"情欲寡"。见《荀子·正论》篇。现在天下的人,都以为人之性是好奢的;所以节俭总是违反人的本性的,多少有待于勉强。殊不知享用程度的适宜,应以生理和心理的状态为标准。过俭固非所堪,过奢亦非所欲。奢侈只是在不正当的社会中所养成的恶习惯罢了。所以中是本性,俭和奢都是病态。礼的不背于人性,就以此为其原理。而道家"适情辞余,以性为度"之说,见《淮南子·精神训》。亦是深知此义的。必知此义,然后墨子之道"反天下之心"之难解,而此义,尤可以破现代人的迷惑。

周秦时代的学者,对于社会改正的意见如此。其是非得失,究竟如何?请待下章批评。

第十章　汉代的社会改革

　　从大同到小康，从小康到乱世，社会的组织，一天天变坏；人生其间的，一天天无所保障，而纯靠自力竞争。败的固然做了牺牲，胜的亦朝不保暮。人生其间，真乃无乐趣而有苦趣。当这时代，人如何不想改良向上呢？在后世，人习于病态者既久，以为天下本不过如此，那就无从说起了。在周秦时代则不然，大家还保存着健康时代的追忆，总以为人不就是这样的；社会也不该是这样的。此等心理，滂薄郁积，自然迟早总有实行的机会。

　　实行该在什么时候呢？那自然是统一之后了。因为（一）前此忙于竞争，无暇顾及治理。（二）而且天下分裂，即有愿治之主，亦苦于无法推行。推行于一地方，其效验是有限的。而且有许多事情，一局部无从行起。所以统一之后，实在是将社会根本改良最好的时机。苦于最初统一的君主秦始皇帝，其所做的事情，专以固威权、图娱乐为目的，虽然其外征，或者也有为国家立一个长治久安的基础的意思，不必尽出于侈欲，然而在这时候，实非当务之急；而其所用的手段，也不得当。于是第一个机会错过去了。

　　秦灭汉兴，该是第二个可以根本改革的时代。这时候，是人民不堪政府的暴虐，起而把政府推翻的。固然，其中还有很复杂的别种原因，然而这总是其中最重要的一个原因。得天下者自然该替民众想想法子了。然而刘邦是个无赖子。一时的将相,非武夫,即刀笔吏。刀笔吏是只能做事务官的,建立不出什么政策来;武夫更不必说了;所以只好一事不办。后来人都说他们不愿意办,其实与其说不愿意办,无宁说是不懂得,不会办。这种情势,直持续到文帝初年。

　　汉朝到文帝时,才真是可以办事的时候。因为前此,中央政府时时猜防着功臣。这时候,内而靠他和功臣相持的外戚已亡;功臣死者前死,仅存的亦垂垂老矣,无复野心;拥有广土的同姓诸侯,虽然在形势上很成为问题,然尚未到决裂的地步,还很有回旋的余地。所以这时候,是很可以,而且很应该从根本上改革的时代。然而文帝却只行了一个似是而非的道家政策。

　　怎样说文帝的道家政策,是似是而非的呢? 道家的宗旨是无为。无为就是不起变化的意思,这在第七章中,已经说过了。道家所以提出此项宗旨,因为其时代较早,其时的社会,本是好的,只要掌握政权,能使社会起变化的人,不造种种恶业,使社会变坏就够了。这时候,社会变化的机键,全在这一部分人手里,所以道家针对他们说话。至于汉代,情形就不然了。其时社会业已复杂;而又国土广大,人民众多;各地方风俗不一。无论从教化方面,或者刑禁方面说,中央政府都不能真成为全国的重心。和春秋时代,中等国土,令行禁止的情形,已大不同。古代的治理,所怕的是贵族的阻格。法家竭力要扩张君权,就是为此。倘使政令而能及于人民,人民总是真实奉行的。没有后世法令成为具文;庙堂三令五申;文告奏报,都说得堂皇美备;而到社会上一看,却全没有这回事的情形。所以古代改良政治,和改良社会两问题,关系较为密切。在后世,则政治的力量,仅能维持极粗的治安线。如不许杀人放火等,较为积极的事情,都无从办起了。如其办之,不是有名无实,就要反生扰累。这是古今政治的一大异点。借政治的力量来改革社会的所以难行。**比诸古代**

的小国寡民,则相去不可以道里计了。此时"富"与"贵",业已分歧而成两事。固然贵的人总要富些,然而未必皆富。富的人以法律而论,其地位原不过和穷人一样,甚且不如穷人。如汉时法律,贵农夫而贱商人。然而在事实上,其权力势必甚大。政治法律,都无如之何。所以这时候,不但君主一个人,即使凡有政权的人,都能够清静自守,亦无益于治。因为社会复杂了,能使社会起变化的,并不止这少数有政权的人。而且这时候的社会,久已变坏了,也无待于当时的人,更行作恶而使之变坏。所以这时候的社会,非大加改革不可。必大加改革,使社会的组织成为合理的,然后以清净无为守之,乃为善用道家之学。否则只是牢守着恶习惯,只是随顺着病理,并不能称为善于卫生。汉代的用道家之学,不始于文帝。当萧、曹为相时,所行的政治,即已合于此主义。吕后虽说不上推行什么政策,其所行,却也暗合于此的。《史记·吕后本纪赞》:"孝惠皇帝、高后之时,黎民得离战国之苦,君臣俱欲休息乎无为。故惠帝高拱,高后女主称制,政不出房户,天下晏然。刑罚罕用,罪人是希。民务稼穑,衣食滋殖。"文帝以后的景帝,亦能谨守此义。所以此种政策的持续,可以说有七十年。然而其效果,除政府不自扰民,于许多害民的因子中,算是除去了一个之外,其余都更无所得。这话怎见得呢? 请举《史记》为证。《史记·平准书》说武帝初年的情形道:"非遇水旱之灾,民则人给家足。都鄙廪庾皆满,而府库余货财。京师之钱,累巨万,贯朽而不可校。大仓之粟,陈陈相因,充溢露积于外,至腐败不可食。众庶街巷有马,阡陌之间成群;而乘字牝者,摈而不得聚会。守闾阎者食粱肉,为吏者长子孙;居官者以为姓号。故人人自爱而重犯法,先行义而后绌耻辱焉。"这真可谓国富民安了。然而又说:"当是之时,网疏而民富,役财骄溢,或至兼并。豪党之徒,以武断于乡曲。"兼并是该行之于穷困之时的。富庶之日,如何反行起兼并来呢? 可见其所谓富者,不过总计全国的富量,有所增加,而并不是均摊在众人头上。所以这时候的富人,固然远较天下初平时为富,穷人则还是一样;而贫富相形之间,其悬殊或者反较大乱初平时为甚。就物质数量而论,大乱之前,无论如何,总较大乱之后为远胜。然而当大乱之前,人心必蹙然感其不足,一似不可一日居者。到大乱之后,赤地无余,倒也罢了。这可见所谓足不足,物质的关系尚浅,而心理的关系实深。所谓贫穷者,实非真正的物质缺乏,而为贫富相形的问题。历代当承平数世之后,社会生计,必有蹙然不可终日之忧。议论的人,不过归咎于(一)人口过多,土地不足。(二)社会风气渐侈,生产虽增,消费亦随之增加;其增加的程度,或至超过生产增加的程度。对于第一个问题的计划,不过移民垦荒,改良农业……对于第二个问题,则大都主张修明礼教,提倡节俭,禁止奢侈。其实第一个问题,通全中国而言之,不论哪一个时代,距真正到来的日子,总还甚远。这是另一个问题,非此处所能详论。至于第二个问题,则消费超过了生产,当然是要穷的。对付这种穷,除节俭外,更有何策?这是理论上当然的结果,更无疑义,而亦是大家切身之患。论理,应该大家都知道警惕的。然而历代行之,总是无效。不论政府的奖惩,民间的劝戒,都是如此,这是什么理由呢?因为人心总是好奢的。这所谓奢,并非物质消耗多少的问题,而是人和人互相比较,不甘落后的问题。所以苟有人引诱于前,必有人追随于后,无论定什么标准为消费程度的等差,实际上总是无效的。而历代的禁奢,莫不承认此等差别之存在,此其收效之所以甚少而几等于零。真正生产的程度增高了,而后消费的程度,随之而增高,本来不成问题。所苦者,富力的增加,实在只偏于一部分,而大多数人的消费,都要勉强追随于其后,那就成为很严重问题了。然而无严切有效的禁令,而希望这少数的富人,顾念一般的生活程度,而自行节制其消费,不超过众所能堪的水平线,是万无此理的。苟有少数人之消费程度增高,大多数人,必将不顾其生活程度,而勉强追随于其后,又为势所必至,而无可如何之事。历代承平之后,风俗势必渐趋奢侈;而风俗既趋奢侈,总要成为生计上严重的问题,即由于此。所以讲经济,非兼顾到消费方面,是不彻底的。要兼顾到消费方面,其第一义,即在禁奢。而禁奢的有效政策,是要对着少数有资力的人施行的,劝谕大多数人无效。汉朝的文、景,未尝不躬行节俭,然而却未能禁奢。能制民之产而不能禁奢,其政策尚且无效,何况两者都不能呢? 这是文景的休养生息所以无裨于社会的理由。

　　文景之后,武帝继起,重用了一个桑弘羊。桑弘羊这个人,向来不过当他是个言利之臣,以为是个善于言利的贾人子而已。其实他是个很有学问的人。他所行的,全是管、商一派的学说,读《盐铁论》可见。但是他行之为什么不见其利,但见其害呢? 这有两种原因:第一,他虽有学问,而亦是一个窥时趋势的佞臣。所行的政策,虽有理由,而其意既注重于筹款,则不免将本意抛荒,而只成为一种搜括的政策。其二,这时代的人,久已习于私产了,以私产时代的人的心理,行社会主义的政策,本已无以善其后。而况桑弘羊所用的,又有一部分是商人。商人是最自利的,而亦是最善于牟利的,所以当时所办的事,其内容实在不可究诘。我们试引一段《盐铁论》上贤良文学的话,以见其概:“故民得占租,鼓铸煮盐之时,盐与五谷同价,器和利而中用。今县官作铁器,多苦恶;工费不省;卒徒烦而力作不尽。家人相一,父子戮力,各务为善器;器不善者不集。农事急,挽运衍之阡陌之间。民相与市买,得以财货五谷新弊(币)易货,或賖。民不弃作业,置田器,各得所欲。更繇省约,县官以徒复作,缮治道桥,诸发民便之。今总其原,一其贾。器多坚硻,善恶无所择。吏数不在,器难得。家人不能多储,多储则镇生。弃膏腴之日,远市田器,则复良时。盐铁贾贵,百姓不便。贫民或木耕手耨,土櫌啖食。铁官卖器不售,或颇赋于民。卒徒作不中程,时命助之,发征无限,更繇以均剧,故百姓疾苦之。"盐铁一事如此,其他可以类推了。桑弘羊所行的事情,可以分为三类:(一)盐、铁、酒酤,是官卖性质。(二)算缗钱,舟车,是增税。(三)均输,是官营商业。官卖的事如此,增税自然更只成为搜括的政策。官营商业,此时在官的资本,也断乎控制不住广大的市场,自然是徒与商人争利而已。我们看《史记·平准书》和《汉书·食货志》所记载的情形,便可知其所行,社会政策的意思,一点也不存在。

先秦时代,抱持社会政策的思想的,共有五家:道家和农家,宗旨是很相近的。实行道家的学说,纵不能算就是实行农家的学说,也可以说是和农家很为接近。墨家:因其道大觳,为治者阶级所不堪;又其徒党为侠,亦为在上者所深忌;所以没有见用的机会。然而文帝的节俭,亦可以说略得墨家的意思,不过其无益,亦和其用道家之学一样。因为这时候奢侈的人多了,消耗物资,败坏风气的,并不是你一个人,单是你一个人甚而至于你的一家能节俭,又有何益?而武帝时桑弘羊行管商之学又如此。然则先秦五家之学,已经有四家行之而无效了,虽然不是彻底的奉行,总算能略师其意。以当时人心的滂薄郁积,决不能如此而遂止。儒本是东周以来的显学;自武帝表章六艺、罢黜百家以来,其在社会上,更有最大的威权;自然其所主张,总有一次实行的机会。

汉代儒家的议论,传于后世者最多。这固由武帝以后,儒学专行,亦因作史的人,如司马迁、班固等,都是儒学的党徒之故。我们把儒家议论,归纳起来,大约可分为两点:(一)生计问题,即制民之产的问题。(二)教化问题。重要的是纳民于规范。能纳民于规范,则其消费自然合度。所以教化问题,在生计上说,可以说是包含消费问题的。虽然儒家的教化问题，其范围并不如是其狭。

儒家的主张，是富先于教的。此等证据，随处可见，可以不必再举。"救死而恐不赡，奚暇治礼义哉"？此是很浅近易明，而亦是普遍不易的道理。所以先富后教，在理论上，本无可怀疑。但是亦有一端，要注意的。由贫而致富，必须要相当的时间，亦必须要相当的办法。倘使正在进行的中途，而有一班人，不顾公益，恃其多财，任意消耗；大多数人，势必追随于其后。如此，消费之量，永无节约之时；并生产之事，亦将受其妨碍，富之目的，永难到达；教更不必说了。所以教在富之后，不过是一句大概的话。在实际上，是不能绝对分离的。而所谓教，并不单是劝导，连用政治法律的力量，以制止一切逾越规范的行为，亦都包含在内。

汉儒的议论，因为太多了，我们现在不再钞撮，以避麻烦，仅约举其大纲如下：

（一）他们对于生计问题，注重于制民之产；而所谓产者，即是土地问题。他们所梦想的，自然是井田制度。虽没有具体恢复的主张，可是通观他们的议论，即可知其终极的目的，实在于此。至于调和现实，求其易于实行，以为渐进之办法，则是限民名田。第一个提出的是董仲舒。后来拟有具体办法的是师丹。但为恶势力所阻碍，未能实行。

（二）他们所谓教化问题，就其全体的规划言之，是要改良风俗，把人民一切行为，都纳之于轨范之中。单就生计一方面说，则禁奢尤为重要之义。其中贾谊，第一个提出这问题。后来主张得最激烈的是翼奉。他主张非迁都不能更化，就是因为旧都之中，恶势力太深厚了，新法制难于实行。此可见汉儒言改革的，都以能实施新法制为要义。

儒家的论生计，对于生产、消费两方面，可谓都极注意。独其对于交易方面,则无甚主张。"市廛而不税,关讥而不征",这是一种很陈旧的思想。当各地方交通未便利、商业未发达时,商人是生产消费者之友而非其敌;当这时代,自然要尽力于招徕。到后来,商业资本发达了,商人变为社会上最跋扈的人。以社会政策论,固然要制裁他。即就财政而论,亦乐得抽他们的税,且亦很应该抽他们的税。为什么还要拘定"县官当衣食租税"而已的旧见解,汉朝卜式的话,见《史记·平准书》。这是隋以前言财政者通有的思想。所以晋初定律,把关于酒酤等的规定,别定为令。因为法律不易改动,而令则可以随时增损。这就是表示天下太平之后,这许多赋税,应得废除的意思。见《晋书·刑法志》。隋文帝得天下后,亦把一切杂税,渐次废除。可参看《文献通考·国用考》。中国自唐中叶以前,国家正当的收入,可说是专恃田租、口赋、力役三者。别种收入,只是不得已时的搜括,在理论上,始终没承认其正当。现在恃为收入大宗的关盐等税,都是创始于唐中叶以后,逐步发展起来的。所以然者,乃因唐中叶以后,土地为藩镇所擅,国家收入减少,而用度增加,乃不得不取之于此。宋定天下之后,照前此的成例,是应该一概撤废的。但因养兵太多,所以沿而未废。行之既久,大家觉得这些税,也无甚大害,就无人更主县官当衣食租税之论了。这是事实使然,并非人们在理论上有何发见。这可见人们思想的陈旧。反对一切新设的税目呢? 当时所增的新税,固然扰累特甚,然而实际办理得好不好是一回事,新税是否应当增设,又是一件事。儒家的不注意大工商业,我以为其理由系如此:儒家的意思,人的生活,应守一定的轨范的。而其所谓轨范,却是比较上陈旧的生活。假使儒家此项目的而能达到,则当时商人所恃以获利的条件,即根本取消。因为陈旧的生活,是比较上处于自给自足状况之下的。如此,商业资本,不必要节制;商人也无待于贱,而这问题自然解决了。譬如今日,我们倘有法子,使全国人的生活,都回到闭关时代,穷乡僻壤的状况,洋货及一切奢侈品,哪得会有消场? 又何劳谈什么节制资本,关税壁垒……政策呢? 这话并非我胡猜,当时的儒家思想,似乎确系如此。

读《盐铁论·散不足》篇可见。然而这实在是落伍的思想。在这一点，我以为贤良文学之言，不如御史大夫多多了。

凡事总是进步的；而后起的人，尤易奄有前此的众长。所以王莽虽号称儒家，而其政策，实已兼该儒法。他所以不肯墨守当时通行的今文经说，而要另创一派古文之学，即由于此。因为古文之学所举的书，较为广博。其中有一部分，是时代较后，而其办法，较适切于当时社会的。如他行五均赊贷时，所根据的《乐语》和《周官》，即其一例。

王莽的设施，今约举如下：

（一）更名天下田曰王田，奴婢曰私属，皆不得卖买。其男口不盈八，而田过一井者，分余田与九族乡党。

（二）于长安及五都，洛阳、邯郸、临灾、宛、成都。立五均官。改长安东西市令，五都市长为五均司市师。皆置交易丞及钱府丞。

（三）诸司市以四时仲月，定物上中下之价，各自用为其市"平"。卖买之物，周于民用而不雠者，均官用其本价取之。万物昂贵过平一钱，因汉代钱价贵，所以如此。则以平价卖与民。

（四）工商能采金、银、铜、锡、登龟、取贝者，皆自占司市、钱府，顺时气而取之。

（五）诸取众物，鸟兽、鱼鳖、百虫于山林，及畜牧者；嫔妇桑蚕、织絍、补缝；工匠、医、巫、卜、祝，及它方技；商贩、贾人、坐肆，列里区谒舍；皆各自占所为于其所在之县官；除其本，计其利，十一分之，而以其一为贡。

（六）民欲祭祀，丧祀而无用者，钱府以所入工商之贡但赊之。但，徒也。但赊，谓空借，即不取利息。祭祀毋过旬日，丧祀毋过三月。欲贷以治产业者，均受之。除其费，计所得受息，毋过岁十一。

（七）凡田不耕者为不殖，出三夫之税。城郭中宅不树艺者为

不毛,出三夫之布。民浮游无事,出夫布一匹。其不能出布者,尤
(冗)作县官衣食之。

（八）五均赊贷,即莽所谓六筦之一。此外还有（甲）盐,
（乙）酒,（丙）铁,（丁）名山大泽,（戊）铁布铜冶,亦都收归官办,总
称谓之六筦。

王莽的政策,我们综括起来,是:（A）耕地收归国有,平均分
配。（B）耕地以外的土地——山泽,归官管理。（C）盐、铁、酒、冶
铸之业,收归官营。（D）商业由官统制。滞销而有用之物,由官照
成本收买,以保护生产和运销者。此项买进之物,物价高过平价时,
即照平价卖出,以保护消费者。（E）此外各项以营利为目的的事
业,都收其税,以供乏绝者之借贷。（F）不事生产者有罚。但无从
得业的,县官亦得给他杂事做,而供给他的衣食。合各方面而兼筹
并顾,真可谓体大思精了。但是（1）此等制度,用何等机关推行?
推行之时,用何法保证其有利无弊,或随时兴利除弊?（2）就商业
一方面说,在官有多大的资本,能控制市场? 这实在是很大的疑问。

关于第一个问题:因人习于私产制度之已久,此种改革,势必
不能自动推行;势必有待于国家。国家推行一种政策,势必借手于
官吏。但官吏亦久已成为一种谋生的职业。人的普通性质,权力没
有限制,总是要滥用的;利总是要尽量攫取,愈多愈好的。官吏是权
力在手,可利用之以牟利的人,所以做官与作弊两个名词,几乎常相
联带。自然,不待监督,而自能清廉奉公的人也是有的,但这总只是
少数。以一般情形论,上文所说的几句话,总是无对不净的事实。
这无所谓世风不古,亦无所谓中国人具有特别的劣根性。以一般情
形论,不论古今中外,总是一样的。这有很坚强的证据,不过在此处
无暇评论罢了——老实说:此等普遍而易知的事实,人人反省而可
以自明的心理,已无待于罗列证据的。所以"督责之术不可废",自

战国已来的法家，久已视为政治上的铁则；而我们在学理上、经验上，确亦承认它是一条铁则。"旧税是良税"，这是为什么？因为（A）习惯了，负担的人，不大觉得苦痛。（B）而习惯是有最大的势力的。既已成为习惯，负担的人，固然不易解除其负担；诛求的人，倒也不敢随意为逾分的诛求。倘使逾分诛求，被诛求的人，就要因其不合习惯而引起反抗了。新税则不然，故于逾分的诛求最便。这一种原理，是适用于一切诛求上的，不但租税。所以当创制改法之时，行政上的督责，需要更加严厉。新莽对于这个问题，却是如何呢？我们并没有听见他特设一个监察的机关；亦没听见他格外注重于监察的事务。只知道他迷信立法，"以为制定则天下自平。公卿旦入暮出，议论连年不决。不暇省狱讼冤结，民之急务"。甚至"县宰缺者数年，守兼一切，贪残日甚"。对于督责一端，反而格外废弛而已。而其所用的，又有一部分是商人。这个和用桑弘羊同弊。当时行政的情形，就可想而知了。

关于第二个问题：我们虽不知汉代的市场，究有多么广大，当时人民的日常生活，必有待于交易者如何。然而自东周以来，商业资本，久已活跃；而以国家之力，控制市场，则只见《管子》一类的书，有些理论，是否实行，很成疑问。即使曾经部分实行，此时也久已废坠了。况乎并部分实行的形迹而不可见呢？然则国家而要控制市场，这一笔雄厚的资本，从何而来？无资本，则周于民用而不雠之物，用什么东西去买进？物价高过平一钱时，用何法处置？固然有工商之贡的收入，然而这是要留着预备平民赊贷的。倘使移作控制市场之用，平民赊贷的资金，又无着落了。况且当时工商之贡，究竟收到多少，也很成疑问。即使所收甚多，以当时行政监督的疏阔，能保其不入私囊么？桑弘羊均输之法所以能行，因其使各地方都以本地方的出口货为赋，不啻增加一种新税，而新莽又不闻有此。然则当时五均司市的资本,从何而来呢? 资本之成为疑问如此,而行政的效率如何,更成为疑问。史料虽然缺乏,以理度之,恐当时的商业控制,不会有多大的成绩;甚而至于不免骚扰。

新莽之所行,是无一不足以扰乱经济界的。而其尤甚的,怕是改革币制一事。汉人的日常生活,必有待于交易自然还不如后世的密切,观其钱价之贵可知。《史记·货殖列传》说:谷价应上不过八十,下不过三十。汉代的一石,我们粗算它是现在三分之一,则现在的一石谷,在汉时,只直钱二百四十文。这是经济常态中最高的谷价了。事实上,宣帝时竟跌至谷石五钱,则现在的一石谷,只直钱十五文。钱价之贵如此,所以当时零星贸易,并不能用钱。《盐铁论·散不足》篇说,当时买肉的人,是"负粟而往,易肉而归"。买肉且然,买菜更不必说了。然而钱在当时,究已成为人人不能不用之物。观《汉书·食货志》所载李悝《尽地力之教》,估计农家一年所获的谷,直钱几何;除日食之外,一切开支,用钱几何可知。固然,这是为计算的方便,以钱论价;实际使用之时,未必都支出现钱,然而此等支出,其不能全不用现钱,亦可推想而得。即谓不然,大宗交易,现钱亦总不可缺的。而在当时,各种生产,都已和商业发生了密切的关系,这也是无可怀疑的事实。然则货币如何好扰乱呢? 自秦始皇至汉武帝,币制变更了好多次。只有汉武最后所铸的五铢钱,得民信用。这个理由,现在不必深论。而在当时,五铢钱得人信用,则是事实。而王莽却将币制改为五物、六名、二十八品。如此烦杂的币制,自然是一日不可行的,而莽却禁汉五铢钱甚严。在私产社会中,凡生产,都为着交易,所生产的都是商品。到底有用与否,生产的人是并不知道的。不过眼看着市场,什么东西,向来是有用的,在交易上是可以获利的,就从而生产之罢了。所以生产的正常,必有待于市场的稳定。以交易为分配,自然不是分配的好法子。然而这是人人赖以生活,一日不能暂离的。新分配的方法未立,而先将旧交易制度破坏，这不但恃交易以牟利的人，一朝失其所恃；就是从事于生产的人，也觉得无所适从；而在消费方面，除却真能自给自足的人，这时代恐没有罢。也都陷于困境了。一切诛求扰累的事，无论如何严峻，总不易使人人都受其影响的，惟有币制则不然。《汉书》说新室变法的结果，是"元元失业，食货俱废"，其最大的原因，怕即在乎此？这怕是新室政府的致命伤？

因全国经济界普遍失常而引起的骚乱，自然不是一个政府的力量所能镇压的。而新室政府的运命，遂于焉告终。其所怀抱的理想，和其所制定的政策，亦一齐拉倒。

这不是王莽一个人的失败，实在是先秦以来谈社会主义和政策的人公共的失败。因为王莽所行的，都是他们所发明的理论，所主张的政策，在王莽不过见诸实行罢了。从此以后，大家知道社会改革，不是件容易的事，无人敢作根本改革之想。如其有之，一定是很富于感情，而不甚了解现状之人，大家视为迂阔之徒，于社会上丝毫不占势力。"治天下不如安天下，安天下不如与天下安"，遂成为政治上的金科玉律。久而久之，就并社会本来是好的而亦忘掉，以为本不过如此，视病理为生理了。自东汉以后，国家更无从根本上平均财产的思想。其有之，则以农田为限。亦是取去其太甚，逐渐进行的政策。质而言之，兼采限民名田和官授田的两种政策。晋朝的户调式，北魏的均田令，唐朝的租庸调法，三者是相一贯的。控制物价，亦以食粮为限，即常平之法是。此外如唐刘晏之所行，则主要的目的，在于财政，顾及社会经济，至多是其副目的。这两者，行之都不能收效。不但不能收效而已，常平是现在还有此法的，我们眼见其并不实行。即户调、均田、租庸调等制，究曾实行至何程度，也是一个很大的疑问。自此以外，只有偶或行之的借贷政策，如宋代的青苗法；及规模很小，如宋代的广惠仓；或者临时施行，如蠲免租税的救济政策了。此等和社会经济的根本，可说是毫无关系的，所以不再叙述。

第十一章　到大同之路

　　孟子说:"大人者,不失其赤子之心者也。"这句话说得最好。假使有一个成年的人,其道德心,竟和赤子一样,我们自不得不推之为大人了。但是大人和赤子,仍有一个异点。赤子是未曾接受环境的影响,所以能保其大人之德的。但其年渐长,受社会的渐染日深,而其道德心,亦即随之而沦丧。大人则不然。他受环境的影响,已经很深切了。对于恶社会,是很能够了解的。随波逐流,加入作恶的力量,也是有的。因其天性之独厚,观察之独深,不以恒人之所谓幸福者为幸福;深知福与善必相一致;于是卓然独立,不为环境所转移。既不为环境所转移,则多少必能转移环境,这才不是为环境所决定的大人;而是靠自己的力量,改造环境,以回复其天德的赤子。必至此,才可谓之入于不退转地。个人如此,社会亦然。被环境所决定的社会,是靠不住的。古代社会,环境好的,竟能实现出大同世界;其坏的,就野蛮残酷得更无人理;而组织极好的社会,遭遇坏环境,亦即随之为转移,即由于此。必其经历万难,知识增高;知道从前所走的,都是歧路,而自动的有意识地回复过来。这种赤子之心,才能保其不再丧失。这是历史上的大同时代,和今后的大同时代不同之点,正和赤子同大人的异点一样。

　　觉得所处的社会不好,而想把他改造,不是始于现在的。几千年以前，早有轰轰烈烈的运动了。如前两章所述。但是为什么终于无效呢？

其(一)是由囿于小康，误以为所谓禹、汤、文、武、成王、周公之治，即是登峰造极之境，不敢作更进一步之想。不但自己不敢作此想，遇有持此等议论的，亦必力加排斥。宋儒疑《礼运》非孔子之言，即其一例。而不知所谓禹、汤、文、武、成王、周公，即三代之治者，其实是阶级之治。既有阶级，两阶级的利害，总不能相容。无论自觉地，不自觉地，总处于此肥彼瘠的地位；总不免明争暗斗的行为。此岂言治究竟之义？无论后人所谓三代之治者，实多半杂以理想，不易达到；即实际上三代的情形，恐亦不易回复。因为即仅如此，所需"公""仁"之心，也远较今日社会中人所具有为多。此等有限量的"公""仁"之心，在后世的社会里，也是不易实现的。因为根于自私自利之心而来的制度，总是愈演进而愈形其深刻的。

其(二)后世谈社会改革的人，其哲学上的见地太偏于唯心论了。孟子说："待文王而后兴者，凡民也。若夫豪杰之士，虽无文王犹兴。"《孟子·尽心上》。又说："无恒产而有恒心者，惟士为能。若民，则无恒产，因无恒心；苟无恒心，放辟邪侈，无不为矣。"《孟子·梁惠王上》。都明明承认多数人总是中材，而所谓豪杰之士，只是少数。少数豪杰之士，固然可以希望他同环境反抗，多数中材，则总须先改造其环境，然后能得到解放。好比压在颓墙之下的人，苟非力士，必先把压在他身上之物起去，他才会爬起来。此理在古代，本来人人明白的，所以说到治天下，总要从改革制度一方面着想。在恶制度之下，责人为善的很少。后人此等观念，却茫昧了。对于环境，总不想努力改良；只想在现状之下，责人以为善。而不知道大多数人，总是被环境决定的，有怎样的环境，就只有怎样的社会。因果关系，丝毫不得差忒，哪有希望的余地？

其（三）前项所述的弊病，是东汉以后才盛的。大约鉴于新室改革的失败，所以不大敢谈改革制度，而专在人心一方面着想。西汉时代的人，还不是如此，先秦更不必说了。然而从东周至西汉，不论是全局或一枝一节的改革，亦无不终于失败，这是什么理由呢？我说：他们的失败，亦有两端：（A）狃于小康以降的局面，以为人生来有君子小人之分，小人总是不能自治，要待治于人的。于是一切法子，无不是自上而下。不知领导人民，开发人民，共同从事改革，而一味操刀代斫。人民能了解，而且觉得自己需要的事，就办得好，否则就办不好，此例在历史上不胜枚举。譬如常平仓，是官办的事业。法虽良，意虽美，到后来便有名无实了。义仓的本意，是令人民自办的，所以比较上办得好。然其起原，仍由在上者之提倡；故人民实亦不能自动；管理之权，乃逐渐归之于官；而其事亦遂有名无实。社仓的起原，可以说是人民自发的，所以成绩最好。然而放行之处，并非人民皆能自动，故其好坏，亦即视其能否自动以为衡。又如役法，是唐宋以来，厉民最甚之政。其实并非唐以后才厉民，不过自唐以后，所传的史料，才较详备罢了。以制度言，自宋讫明，以事实言，亦可谓自宋讫今，议论纷纭，竟无良策。而人民能自办义役的地方，则官事办而人民亦不受其害。人民的自治，竟能补救政府治理之力之穷了。又如民兵：宋朝神宗时所行的保甲，试读《宋史·兵志》所载司马光、王岩叟的奏疏，其有名无实，反滋扰累的情形，真要令人气结。然试一读苏轼《请存恤河北弓箭社》的奏章，则又令人气足神旺。总而言之：人民能自立法而自守之，其力之伟大，实非操刀代斫的政治家所能想像。此等例不胜枚举。（B）狃于古代自给自足的小社会。不知分工合力的范围虽然扩大，人和人的联结虽然因此而密切，但只要彼此利害，不立于敌对地位，而立于共同的地位，人总还是相亲相爱，无诈无虞的。而误以为风俗要回到古初之淳，则人对自然的关系，及人与人的关系，亦必须回复到古初一样，则非将社会倒退数千年，退化其技术，而割断其人与人间之联系不可。这如何可行？《盐铁论》的《散不足》篇，最能表现此等思想。汉人讲重农抑商，不想出一种新分配的方法来，以代商人的交换，而只想抑制商人。果如其所希望，商人尽反于南亩，岂非分工合力的范围，骤行缩小？而社会生活程度，将倒退数百千年？

新室以前的革命，东汉以后的改良，无不失败，其重要的原因，大概不外乎此了。然则我们今日，苟反其道而行之，能否使社会逐渐改善，而终至于上理呢？于此，我想先引一篇昔人的文章，使读者之胆气一壮。这一篇文章是清代乔光烈所撰，篇名为《招垦里记》，其文如下："招垦里，在宝鸡南万山中。去县郭绝远，为人迹所罕至。乾隆初，予令宝鸡。按县版，得其里名。以问吏，吏曰：'是僻处山谷，与外邈隔。前官来此者，虽出行县，卒未有一往其地，盖畏其荒险而惮崎岖也。'予顾谓吏：'知县事者，凡山川、里居、土风、氓俗，其远近、多少、饶瘠，若为浇朴，宜周览目省丽于政，宁险远自惜邪？'顾往宝鸡。居无何，属当巡行。因戒吏卒往里中。出郭，渡渭水，至南山下。山尽合，势不可进。见两崖间忽谽谺，若扉半启。土石中裂，类斤斧铲刻所成。然狭逼甚，望之疑径道无所通。吏前告曰：'此往招垦路也。'予勇而入。视其间，才容一骑行。导从不得列。羊肠结屈，蛇盘回纡，宛转循岸壁。仰视天光，如在井底。度行且百里，已日暮，无止舍。得里人穿室山间为神祠者，仅一楹，就休其中。明日，复行。约五六十里许，连山皆分，境忽大辟。平原广陌，井聚庐落，悉见马首。意方谽如。吏曰：'即招垦矣。'里旧编甲凡六，居者数千家。其地宜五种，而菽麦尤盛。其含奥吐腴，而田多膏壤，故岁常登。其材木富而桑柘果蓏足于资。其俗安于耕蚕，供衣食吉凶。里相昏姻，邻尚和乐，而寡讼斗。居其间者，盖几若自为一世然。亦以其去城郭之远，而县邑之人常不至也，以是绝去华嚣之风，而久安朴愿。余少时，读《桃花源记》，特以为出于作者之寓言，及观于是，始叹与渊明所云，未有异者。……里中之民，自少至老，既未尝以事涉县廷，见官府；其赋税亦不劳催科。凡田舍市易，不为券契，以口成质而已。亦讫无变者。乌乎？是犹太古之余，而朴未散欤！……"

我读《桃花源记》，在九岁时候。当时父师诏我，说这是寓言；我亦诚以为寓言而已矣。到十四时，读《经世文编》，在其第二十三卷中，看见这一篇文字。这一篇文字，无可指为寓言之理。当时颇因此而疑《桃花源记》之亦非寓言。但当时未有社会思想，《招垦里记》这一篇文字，有何价值？《桃花源记》是寓言，还是事实，有何关系？自然都不成问题。其实这一类事实，散见在昔人记载中，其数甚夥，正不独桃花源与招垦里为独有千古。即以我的浅陋，披览之余，觉得此等记载，遇见的亦不止一两次。惜乎当时看得不成问题，没有钞摘下来。到如今，要想搜罗这一类事实，竟是大海茫茫，无从寻检。除掉这最初所见的一则，脑筋中的印象，毕竟深些，还能翻检出来，其余竟无从搜索了。无已，再举一则民国二十二年十一月某日上海《申报》所载是月十五日山东费县的通信，以作佐证，原文如下："蒙山绵亘鲁南，临、郯、费、峄、蒙、泗、新、莱各县，东西二百余里，南北……百余里。泉水清冽，森林遍山。产名药异果及铅锡等矿。因交通滞涩，百年来鲜有入山开采者。山内人民……尚有野人风。……不知耕稼，仅采山药及银花，易粟而食。其人面色黝黑，声刚而钝。……不履，足底冈子元注："此俗名。"案谓足茧也。有二分厚。登山攀树，捷如猿。居石室内。每村十家数十家不等。皆推举年长有力者，管理村事，颇似部落时代之酋长。凡有纠纷，均诉请解决。婚嫁仪式，与明代无异。民性极蛮横，山外人除采购药材外，不得久居山内，否则必遭暗杀。此等僻处隔绝的社会，对待外人，往往非常残酷，然无害于其人之性质之和平，及其对内之能相人偶。参看第九章。山居不知岁月，梅花盛开便过年。秋夏工作之余，村长即率全村人民，在山下跳跃聚乐,且唱山歌。有婚娶者,全村前往帮忙广(庆)祝,颇有合作精神。居山洞或石室内。室用巨石垒筑,高丈许,甚宽大,无门。可见《礼运》所谓"外户不闭",并非虚言。在壁上留洞,以透日光。室内敷草为床,全家均睡一室。用薄石板为桌。锅碗系由内地购往。服装类似明代,可见渊明所谓"不知有汉,何论魏晋"亦非虚言。均以土布为之。妇女尚缠足。服装与男子无异。惟头裹粗布帕。言语行动,与内地类似。但无识字者。问其年代,尚不知有民国也。"

这与桃花源、招垦里,又何以异? 我所以要抄此两则,不过见得人全是环境所造成;有怎样的环境,就成怎样的人;无所谓世风不古,无所谓古今人不相及。假使我们现在,能把环境回复到和古代一样,怕欲求今人之不为古人而不可得呢?

但是此等为环境所决定的社会,并不足取。一者他是为环境所决定的,环境变坏,他也要跟着坏。二要造成此等环境,在今日万万不可能。即使能之,而将人类对自然的关系,倒退了数百千年,这又何苦? 而况乎其万万不可能呢? 我们要造成,(A) 对自然的关系,比现在还要良好,而且继续进步,永无停滞之期;(B) 而人与人之间之关系,则和古代的大同社会一样;(C) 而其此等环境,又系用自己的意志所造成,并非靠运气好,偶然遇到。我们就要造成这样的社会。

我们当用何法,造成这样的社会呢? 这自然非一言所能尽,而亦非一言所能决。我的意思,以为现在世界上,各个社会,有形形色色之不同;其所以改造之而达于理想的境界,自亦非一途所能尽。执定一种手段,而以为非此不可;而以为惟此一途,是还不免有蓬之心的。《易大传》说得好:"天下同归而殊途,一致而百虑。"归不可以不同,而途则不能不殊;致不可以不一,而虑则无妨有百。然则当用怎样的各种手段呢? 这自非浅学如予所能列举,而亦非这一部书所该列举。这一部书只是想考证孔子之所谓大同,实际究竟有无其事? 如其有之,则想考明其是如何一回事,如何而降为小康,又如何而入于乱世。简而言之:其意在于考古,而不在乎策今。然而陈古可以鉴今,我这部书虽然是考古之书,不容侈陈现今改革的方法;纵谈现今改革的理论,以自乱其例,然而考古之余,对于今日的社会,自不能毫无意见。竭其千虑之一得,以供今日言社会问题者的参考,自亦是义所当然。我在这里,敢提出我个人的意见。我以为中国古代的办法和古人的见解,有仍足供今人参考者三端,敬陈其说于后:

其一,中国的社会革命,当注重于农人。持马克思主义的人,以为社会革命,必以工人居前线,而农民则非经长期的教育不能望其改变。因为农人无如工人的团结;而且不习于现代生产,倒是固执着私产制度。亦且见闻狭隘,生活简单;笃于守旧,难与维新,不易牖启之故。这话固有相当的理由;观于苏俄的改革,则并有事实为之证明。然而以农立国的国家如我国,难道就不想革命吗? 难道坐待我国变成工业国,造成劳资对立的阶级,然后再图革命么? 这也未免失之太拘了。我以为以农立国如我国,领导农民革命,正为当务之急。领导农民革命,当用何种手段呢? 简单的均田政策,是断乎行不通的。因为他并不能改变农民拥护私产的心理。拥护私产的心理不变,则即使田经一度之均,亦必不久而仍复其旧。在历史上,如晋代的户调式、北魏的均田令、唐初的租庸调法,当其初行之时,田亩总必有比较的平均,然而不久即复于其旧,即以此故。沟洫疆界,岂能终日陈兵以守之? 然则如之何而可? 我们知道,"非意识决定生活,实生活决定意识"。而人的生活,又是随生产方法的改变而改变的,然则在今日,努力改良农民的生产方法,就是改变农民心理最有效的手段。怎样改变农民的生产方法呢? 则耕作使用机械,是其第一要件。唯耕作使用机械，然后今日寸寸割裂的土地，乃觉其不利。然后拥护私有财产的人，乃自觉其此疆彼界之不利。事实最雄辩，到这时候，农民自然逐渐觉悟，而愿将土地整理；而其耕作，自亦渐趋于共同。固然，土地的改正，耕作的共同，未必就是私产制度之废除。然而积之久，制度日进于公，自私之见，终必随之而渐化。到此时，再逐渐施以化私为公的教育，道以化私为公办法，那就真如下令于流水之原了。这种办法，固非旦夕间可以奏效，然而每一事件的进行，总是愈到后来，而其速率愈大，也不得十分迟缓的。正不必用过于急激的手段。这一种说法，偏于激烈的人，或者不赞成；又或者嫌其手段的迟缓，然而我的愚见，颇认为是农业社会真正的出路。耕作使用机械，足以改变农民的心理，俄国的近事，最足供我们的参考。俄国革命以后，将大地主的土田变为耕者所自有。农民自私之心很深，不愿分其收获贡诸国家。俄政府至须遣兵征粮，农民则起而反抗，纷扰甚而国家仍苦乏粮。一九二一年，乃征农税而所余听其私有。于是富农渐起，社会主义几于破坏。一九二八年，有马克维次（Maikevich）者，管理国营农场，以所余机犁，假诸附近农民，而以共同耕作为条件，农民从之。是为集合农场所自始。俄政府乃推行其法于各处。到现在，有耕地、耕具悉数作为公有；并衣食住亦进而共管的（详见张君劢所著《史泰林治下之苏俄》）。以政令所不能强，口舌所不能争之事，而生产方法的改变，足以转移之，马克思的学说，在此等处，不能说其无效了。而我国古代的所谓"教"，不尚空言，而专注重于改良人民的生活，得此亦足证其自有至理。

其二，经济上分工协力的范围，后世较诸古代，已不知其扩大若干倍了。至于今日，则几将合全世界而为一。此等业已联结之局，固然不能像老子等的意见，还想断其联系，而还之于"老死不相往来"的境界，然而要把社会真正整顿好，则仍有分为若干区域，各别加以整理的必要。现在的趋势，是各地方的联结，日见密切；然而此等联结，实不见佳。我们要联结，而不要这样子的联结。我们要另换一种新联结。新联结必须要有良好的基础,就是被联结的分子,个个都要健全。要求其健全,则其组织不能十分庞大。我们目前的情势,是(1)所联结之分子,本不见佳;(2)而又因联结之故,更增其恶化。我们的对治之策,是(1)祛除被联结的分子本身的弱点,(2)改良其联结之法,使不至因联结而生出恶果。二者都有将今日之所谓都会者,斫而小之之必要。人类居住区域的大小,亦即每一区域中聚集的人的多少,本因其对自然的关系,而有一个适当的限度。而在今日,人类聚居的情形,大概与天然的形势不合。简单则易治,复杂则难理。大则伦敦、巴黎、纽约、上海,固然无可措手;就是京、平、苏、杭,也已经无能为力了。依我看,最大的都邑,最好不超过万家。这种说法,经济学家,必将闻之而大笑。经济学的原则是要以最少的劳费,得最大的效益。要以最少的劳费,得最大的效果,则生产的规模,不能不大。如此,人类的居处,势必随之而集中。如何能把大都会斫而小之呢?难道想回复到旧式的生产么?殊不知天下事总要两方面顾到,不可趋于一极端。人的聚散,自有其一定的法则。过疏固然不好,过密亦非所宜。什么是人的聚散的法则呢?从人对人的关系言之,则人类相亲相爱之情,乐于群萃州处,是把散居各地方的人,吸集到一处去的,如物理学之有向心力。而人对人,虽其本性上可以说是爱无差等,然其行之,则不能不限于其所能交接之人;而人所能交接的人,事实上总有制限。混在万人如海的社会中,不觉得人之相人偶之乐,而徒苦其烦嚣。这又是一种离心力,限制人不能为无限的集合的。以人对物的关系而言之,人聚得多,则生产的规模大,可以较少的劳费,得较大的效果,这是把人吸集到一处去的原因。而同时,人的密集太甚,又觉得种种不适,又使人感觉到:我们何苦为省这生产上的一点气力,而忍受别方面许多苦痛呢?这又是限制人,使不能为无限的集合的条件。我们对这两方面的评价,酌度而得其中,便是人的聚居自然的限度。现在的生产,所生产之物都是商品。商品须求其价廉,求价廉,先须减轻成本。所以不得不忍受其余的苦痛,以就扩大的生产机关。到所生产的非为商品,情形就一变了。旧式的纺织机,一人一具,是为人而造械器的。新式的纺织厂,聚集至数千万人,是以人就械器。两者都不是好法子,我们要酌乎其中。甲区域适宜于住一百个人,就为他造一副一百个人使用的械器。乙区域适宜于住三十个人,又替造一副械器,较甲区域所用,小到只有其十分之三。甲乙两区域住民的情形,如有变更,械器也就因之而改造了。图生产费的节省,机械总是利于大的,不专在这一标准之下,评论机械,则机械之宜大宜小,就成疑问。即使生产费总是大规模来得节省,我们要利用机械,而不为机械所支配,亦当如此;况乎现代利用最广的蒸汽力,未必不可代以他力。如电力。以他力代蒸汽,生产事业规模的大小,和其生产费的大小,其比例,就未必和蒸汽力相同了。至于人与人间的关系,要在较小的区域中,方易于整顿,则其事更显而易见。因为人多了,则人和人互相亲爱之力不强,而其制裁之力亦薄;事情又复杂而难明;种种恶德恶俗,就都要由此而生了。就都会之起源而言之,无论其在政治上、经济上,都没有必须保留的理由,都是随着社会病态的发展而后有,而后盛的。如因守御故而筑城堡,因成都市;又如乱世,因都市防卫之力较固,人民从而集中,都市因之,愈形发达;这都是政治上的理由。商工业上的大都会,是因为便于牟利起见而发达的;而大都会中,资力较厚,享乐之事较多,亦有人贪享乐而走集于此的;这都是经济上的理由。然而无一非社会的病态。所以今日,欲进世界于太平,所谓都会者,实有斫而小之之必要。而各地方的人民,各谋解决其本地方的问题,实在是人类把自己的事情,措置得妥妥帖帖的惟一的途径。我们言治的最终目的,是要全世界风同道一;丰啬苦乐,均无不同。天然的不平等,我们以人力弥补之。而在着手之初,则不能不有赖于各地方的各有整顿。欧文所提倡的新村,所怀抱的,就是此等理想。虽然他的试验失败了,不能说这条路是走不通的;而且这怕是社会改革,一定要走的路。孙中山提倡地方自治,亦是有鉴于此。经济为社会的基础,所以中山的意思,想要以一个地方,成为一个经济上的单位,而力谋其基础的充实。如其所著《地方自治开始实行法》有云:"执行机关之下,当设立多少专局。……而其首要,在粮食管理局。量地方之人口,储备至少足供一年之粮食。地方之农产,必先足供地方之食,乃准售于外地。故粮食一类,当由地方公局卖买。……衣住行三种需要的生产机关,悉当归地方支配,逐渐设局管理。"这就很足以表现此等思想。**现在各地方的自治,有许多地方,似乎是反而走向大都会之路上去的。这因现在的所谓自治,其根本并不是人的自治;不是想实现人生世上合理的自处之道,而只是想适合现在的某种主义。到人真能实现其合理的生活时,其目的就和现代大不相同;而我所谓人的聚散的法则,就大有考虑的价值了。然则古代度地居民之制,在言社会改革之家,亦大有参考的价值。**度地居民,为司空之职。见《礼记·王制》。其遗法,略见于《管子》的《度地》篇,《汉书·艺文志》"数术略"有形法家。《汉志》说:"形法者,大举九州之势,以立城郭官舍。"亦是此法。惜乎其书尽亡了。《汉志》所著录的《山海经》,非今之《山海经》,说见拙撰《先秦学术概论》下篇第九章。世界书局出版。然其本意,为视地理形势,以定人民住居。则无可疑的。

　　其三,当从事改革之时,消费的限制,此为礼之一端,而亦可说是礼之最重要之一端。大有考虑的价值,前两章中已言之。即使到太平之世,物质丰富,达于极点,无论怎样消费,总不虞其不足,其实消费毫无制限,生产力无论如何强大,亦总要陷于不足的。所以论经济,决不能置消费问题于不论。可参看第六章注。而人受生理的限制,要顾及卫生,亦不宜为逾分的消费。因为逾分的消费,不但消耗物质,也是消耗人的体力的。而人的欲望,实亦根于生理而发。所以真正健全的人,决不会有逾分的欲望。其人而有奢侈之念,则身心先不健全,必已害了

病了。对于此等人,当请医生为之治疗,岂可以尽量供给其消费,为
其幸福? 这是将来的话,而当改革之时,则禁奢尤为必要的手段。
社会生产的技术,在大体上,总是逐渐进步的。然而后人并不比前
人富,或且更穷。这全由于:(A),一部分人,得以奢侈,因而造了许
多无用之物。(B),一部分人,消耗太多,他部分人因之感觉不足。
否则以中世的生产,供给古代的消费;以现代的生产,供给中世的消
费;早已菽粟如水火了。财富的价值,终在消费。禁止之使不得消
费,其价值即行消失。所以我们用不着剥夺人家的私产,只要办到
无论何人,消费总只许在一定限度之内,那私产的制度,就不废而自
废了。这固然近于戏语。然而消费的限制严一分,则私产的效用少
一分;而人之贪求之心,亦淡一分;则无可疑之理。有了钱,就可以
任意消费,这本是资本主义逐渐兴盛,然后如此的。其在前代,本都
略有制限。即至后世,逐渐成为具文,然而具文总还在。礼、律中皆有
之。历代的制限,皆随贵贱而不同,论者一定要说:这是封建时代,
征服之族,暴戾恣睢,压迫被征服之族之举。其实与其如此说,毋宁
说是被征服之族,本有良好规则,而征服之族,也不得不俯就几分,
若尽率征服者之意而行之,那就要无所不至了。详见第七章。我们现
在,当师古代禁奢之法,参以翼奉迁都之意,逐渐创造出许多新都
市、新村落来。在此新区域之中,不论何人,享用都是一律。享用一
律平等,似乎是很难的。因为现存之物,决不能悉数毁弃重造,分配使用起来,
就不能平等了。然而亦有调剂之法。如房屋虽有好坏,可以古人分田,"三年一
换主易居"之法行之,就不生分配不平的问题了。其余以此类推。而此享用
之限度,则视其地之生活程度以为衡。今年的生活程度,只是衣布,
则一律不许衣帛;明年的生活程度,只是吃菜,则一律不许食肉。必
待生活程度进了一级,然后享用的程度,乃得随之而进一级。又非
一地方的生产力,逐渐提高,产品即专供该地方之享用;必须提出一

部分,以协济生活程度较低的地方。此等新区域逐渐推广,则奢侈之风气逐渐消除。各地方之人,消费之程度,都与其生产程度相应,而天下遂无患贫之事。历代禁奢之所以失败,皆由其有等级性,按人身份之高低,以定享用的丰啬。身份低的人,自然不服,而且这也是一种诱惑。如今大家一律,则自无此弊。其行之之法,当从禁售起。某地方为布衣之年,则一律不许开设绸肆;某地方为吃菜之年,则旧有的屠肆,一律关闭。新造的都市,商业都归公营。其就旧都市改良的,商业也要逐渐收归公营。但仍承认私人的资本,发给股票,听其取息。这是初步的办法。将来再徐图取消。商业官营,是改良社会一个最好的方法。私人虽可生产,而不能互相交易,则只能照其成本,收回相当的价格,而不能利用需要供给等关系,以牟大利。数千年来,活跃于社会的商业资本,生产消费者两方面,都受其剥削的,就可以打倒了。如此,作奸犯科之事,自然一定是有的;而且一定是很盛的。然天下事不能一蹴而就几于上理,总要行之以渐。我们认为义所当然之事,虽明知其难行,总要设法逐渐推行的。譬如现在的毒品,谁敢保其一禁即绝?然而岂能因此而不禁呢?况且私售究与公开有别。现在一切奢侈品,倘亦和毒品一样,不能公然制造贩卖,而只能如毒品的私售,我们已经欣然于公理之大彰;而觉得社会的进步,同飞行绝迹一般了。

以上三端,都是我以为历史上的陈迹,仍足供今日谈社会革命的人的参考的。自然,社会改革之法,不尽于此三端;此三端是否有参考的价值,自随各人的意见而不同。我只是考古之余,陈述个人的感想罢了。

讲理学的人常说,我们要增进道德,和要增进知识不同。增进知识,要增益其所本无。增进道德,则只须将有生以来,所染着的垢污,洗涤净尽就好了。我们试仔细推究,现在所有的罪恶,哪一件是与生俱来的呢?惟社会亦然。恶劣的风俗,哪一件不是恶劣的制度所造成；恶劣的制度，又哪一件不是人类在进化的途中，环境未臻于美善所致？哪一件有必然之理？佛说凡事皆因缘际会所成，并无自性。惟无自性，故能证明其为人类业力所造成；亦惟其无自性，故必可以人类的努力消灭之；我们当有此信念。

我们希望将来的社会：人与人之利害，全然一致。人对物，亦因抗争之力强了，只蒙其利而不受其害。因此，人与人，固然惟是互相亲爱，即其对物，亦无复憎恶、畏怖之念。至于各种达不到目的的希望，则本是不健全的心理所致；而其所由然，又都是社会缺陷的反映。见第九章论宗教处。这时候，也自然消灭了。人就只有快乐，更无苦痛。而此等境界，又系人类觉悟之后，以自力所造成，并非靠偶然的幸运而遇到，所以能保其永不退转。夫是之谓大同。

我们感谢孔子：在几千年前，就指示我们以社会组织最高的模范。我们感谢《礼运》的记者，将这一段话记载、流传下来，给我们以最深切的影响。悬此以为目标，而勇猛审慎以赴之，不但能拯我国民、拯我民族于深渊，并可以出全世界的人类于沉沦的苦海。

我们才知道中国的文化：视人对物之关系为次要，而视人对人的关系为首要；不偏重于个人的修养，用什么天国、净土之说，来麻醉欺骗人，而以解决社会问题为解决个人问题之前提及手段；确有甚大的价值。

当这目的未达、徬徨中途之时，我们自该有甚大的努力。我请诵两大贤之言，以为本书的终结。

曾子曰："士不可以不弘毅，任重而道远。仁以为己任，不亦重乎？死而后已，不亦远乎？"

张子曰："为天地立心，为生民立命，为往圣继绝学，为万世开太平。"

大 同 释 义

《文化建设月刊》编者以孔子之思想，证文于予。夫孔子之思想，其大不可以一言尽也。抑后人之立说者，莫不自附于孔子，究之孰为孔子之真传？孰为后人所传益？又不易辨也。然今日阐发孔子之思想，所急尚不在此。盖圣哲之立说，必因乎其时；即后人之所传益者亦然。说之宜于一时者，未必其宜于异时，此泥古之所以病也。孔子治天下之法，具于《春秋》。《春秋》大义，在张三世。三世者：曰乱世，曰升平世，曰大平世，实与《礼记·礼运》大同、小康之义合。孔子谓世运之降，由大同入小康，由小康入乱世；欲逆而挽之，进于升平，更进于大平也。孔子教义，传于后世，及后人所推阐者，皆以治小康之法为多；其说不尽宜于今，遂为今人所诋謇，若将大同之义，阐而明之，则其广大精微，而无所偏党，尚有非今人所能逮者，绝无陈旧不适于时之诮矣。然大同之义，非可以空言释，非根据社会科学，阐明孔子思想之所由来，固无以服今人之心；抑非此，亦不足以阐明孔子之说也。兹篇之作，意在于是。学识陋劣，安能有当，尚望当代通人，惠而教之。民国二十四年五月，武进吕思勉自识。

一、论大同究实有其事抑系孔子想望之谈

　　大同为治化最高之境，在今日已无疑义；所争者，果为往古实有之事，抑孔子想望之谈耳。想望之谈，原非必不可见诸实事，然较之曾见诸实事者，其难易终有间矣。故就此问题，加以讨论，实于世人对大同之信心，颇有关系也。

　　大同之说，以予观之，当系实事。诸子百家，论世运升降，多以皇帝王霸，分别隆污；如《管子·乘马》云："无为者帝，为而无以为者王，为而不贵者霸。"《兵法》云："明一者皇，察道者帝，通德者王，谋得兵胜者霸。"又如《史记·商君列传》，载商君见秦孝公，初说之以帝道，继说之以王道，终乃说之以霸道。且皆同仞邃古之世，曾有一黄金世界；一也。孔子曰："大道之行也，与三代之英，丘未之逮也，而有志焉。"郑注曰："志，谓识，古文。"此以识字释志字；又申言之，谓所谓志者，即系古书也。识字读。古文为东汉人称古书之辞，见王静庵《汉代古文考》。三代之英，指禹、汤、文、武、成王、周公，皆实有其人；其事亦皆布在方策；安得论大同之世，独为想望之谈？ 二也。人之思想，不能无借乎境。所谓圣哲，亦其识高愿弘，不论处何境地，总觉有所不足，而思有以改正之耳。谓其能超出境地之外，凭空树一新说，无是理也。故大同必实有其事者也。

二、论大同之世当在何时

然则所谓大同者，当在何世邪？社会演进，自有定法。既仞大同之世为实有之事，自当根据社会演进之理，求之故籍矣。

人类之仁暴，恒因其所处之境而异；而其资生之具，则食为尤急。故社会学家分别演进之等级，有以其取得食物之法定之者。曰搜集，曰渔猎，此取物以自养者也。曰牧畜，曰耕农，此育物以自养者也。搜集之世，无足言已。渔猎之民，习于杀伐；然因食物不足，不能合大群，故不能为大患。牧畜之民，生事已较饶足，然所需土地亦多；其所合之群较大；而便于移徙；又多兼业射猎，渔猎之世，杀伐之气未消，而其技亦甚闲；故其人多好侵略，而其势亦特强。惟农耕之民，所事既极和平，生计又最宽裕。有协力以对物，无因物而相争。群之内甚为安和，于群以外，亦不事侵略。社会最善之组织，乃于此出见焉。孔子所谓大同，盖指此等社会言之也。

昔时言社会演进者，多谓人类之生计，必自渔猎进于牧畜，自牧畜进于耕农，其实不然。渔猎之或进为牧畜，或进为农耕，盖亦视乎其地。以欧洲之已事言之：大抵草原之地，多进于牧畜；山林川泽之地，则进于农耕。吾国亦然。古帝事迹，足以考见社会演进之迹者，莫如巢、燧、羲、农。巢、燧事迹，见于《韩子·五蠹》篇，其为渔猎之世，了无疑义。伏羲，旧说谓其能驯伏牺牲，故称伏牺；又谓其能取牺牲,以充庖厨,故又曰庖牺;实皆望文生义。伏羲乃"下伏而化之"之义,见于《尚书大传》。其时生计,则《易传》谓其:"为网罟以佃以渔。"《尸子》亦曰:"燧人之世,天下多水,故教民以渔;伏羲之世,天下多兽,故教民以猎。"其在渔猎之世,亦无足疑。"神农"二字,本农业之义。《礼记·月令》:季夏之月,"毋发令以妨神农之事。水潦盛昌,神农将持功"。神农氏亦称烈山氏。烈山,即《孟子》"益烈山泽而焚之"之烈山,谓其起于湖北随县之厉山者,缪也。八蜡之祭,始于伊耆。伊耆氏或以为尧,或以为神农,皆农业始于神农时之证:系世之职,掌于小史,其传于后者,世次虽不完具,记载要非虚诬。燧人风姓,见郑注《通卦验》。伏羲亦风姓,其后有任宿,须句,颛臾,见《左氏》僖公十一年,神农姜姓,则其后裔之存者甚多,不胜征引矣。系世虽主记名氏世次,于行事之大者,亦不得无传,如《史记·夏殷本纪》,仅记传授,盖即本于系世,然于殷代诸主,亦略记其时盛衰;又如太康失国,虽不言其所由,然亦言其"昆弟五人,须于洛汭"是也。假使风姓姜姓,嬗代之间,有如阪泉、涿鹿之役,古史不应无迹可求,今也不然。又《商君书·画策》篇曰:"神农之世,男耕而食,妇织而衣;刑政不用而治,甲兵不起而王。神农既殁,以强胜弱,以众暴寡。故黄帝内行刀锯,外用甲兵。"此为炎帝之族好和平,黄帝之族乐战斗之铁证。炎黄之际,盖古史之一大转折矣。

有巢氏治石楼山,在琅邪南,见《遁甲开山图》。燧人氏出旸谷,分九河,见《春秋命历序》,鲁有大庭氏之库。为神农遗迹,见于《左传》。地皆在今山东。伏羲氏都陈,亦距山东不远。汉族文明,盖起黄河下游泰山两侧,正山林川泽之地。黄帝之族,盖起于河北。黄帝邑于涿鹿之阿。涿鹿,张晏谓在上谷,盖因汉世县名傅会;不如服虔说谓在涿郡之可信。涿郡即今河北涿县,正平坦宜于牧畜之区也。黄帝"迁徙往来无常处,以师兵为营卫",其为游牧之族可见。

东至海，西至空同，南至江，北合符釜山，亦非游牧之族，不能有此远迹。教熊罴貔貅貙虎，又可见其兼事射猎。阪泉、涿鹿之战，盖以野蛮猎牧之民，克文明农耕之民者也。

　　然黄帝虽以兵力，击炎帝之族而破之，至于文明，则一切采自炎族。何以言之？ 案吾国最古之文化，起自渔猎之世，而递嬗于耕农之世，有诚证焉。明堂者，古政教之府也。明堂亦称辟雍。辟即璧，玉肉好若一曰璧，盖言水之周环。雍今壅字。西北积高，故称雍州，则辟雍者，水中积高之处也。汉武帝时，公玉带上《明堂图》，水环宫垣，为复道。上有楼，从西南入，名为昆仑。见《史记·封禅书》。古无岛字，洲字即岛字。州、洲同字，尤显而易见。人所聚曰州，水中可居者亦曰洲，隆古岛居可见。明堂之水环宫垣，筑城之必凿池，盖皆其遗象也。古代一切政令，皆出明堂，读惠定宇《明堂大道录》可见。其要义，一言蔽之，在于顺时行令。颜渊问为邦，孔子首告以行夏之时，精意实在于此，非徒争以建寅之月为岁首也。夫顺时行令，则农业国之要义也。农耕之世，政令之枢，实沿自渔猎之世，河南民族，为自渔猎径进于农耕，概可见矣。明堂者，唐虞之五府，夏之世室，殷之重屋。《史记·五帝本纪》索隐引《帝命验》。晚周之世，遗迹犹存。齐宣王问孟子："人皆谓我毁明堂，毁诸？ 已乎？"孟子曰："夫明堂者，王者之堂也，王欲行王政，则勿毁之矣。"可见羲农之族，政教之府，仍为黄帝之后所严畏。此为黄族文化因仍炎族之最大端。又《世本作》篇，纪制度器物之原，十九皆在黄帝之世，虽曰古代传言，率多不审，不足深考，然何以托之某人，某世，亦必仍有其由。凡诸制度器物，虽不必皆始黄帝时，而黄帝时之能尽其用，则较然可知。世岂有发明之事，如是其风起云涌者哉？ 其必采自异族，无可疑矣。故炎族者，东方之希腊、犹太，黄族则罗马也。蚩尤姜姓，炎帝之族也。古书多言蚩尤作兵，而《易传》言黄帝弦木为弧，剡木为矢，两族文明程度之高低，亦于此可见。

古帝世系，可征者盖始黄帝，故《太史公书》，托始于是。黄帝、颛顼、帝喾，身相接否，不易质言，然相去必不能甚远。尧、舜、禹之相接，夏、殷、周之递嬗，则无可疑者矣。颛顼、帝喾两代，无甚事迹可考。黄帝以后，治化盖以唐虞为隆。《尚书》虞夏同科，治法当无大异。夏传子与周同，殷人顾兄弟相及，类于后世之句吴，二者疑非同族。然兴朝之治法，多取诸胜国，治化之同异，实与民族之同异无干，犹辽、金、元、清，荐居上国，未尝不袭宋明之法也。儒书杂引四代之制，无不小异大同，羲农之族之治化，有演变而无废坠可知。然则大同之世，虽文献无征，固可于小康之世之遗迹求之矣。

三、论大同之世之情形

大同之世之情状，果何如乎？请据后世之事以推测之。

孔子述大同之制曰："男有分。"分谓分地，盖井田之制，为大同之世之遗法也。土地之不容私有，理极易明；而其非可私有，亦事极易见。井授之法，特以耕作不容不分，故家界之以若干亩；非谓土地为其所有，是以有还受之法焉。其授田也，与其谓界之以业，毋宁谓责之以役。"肥饶不得独乐，硗角不得独苦，故三年一换主易居"，《公羊》宣公十五年《解诂》。盖亦后世之事。何者？惟所获皆藏于己，然后肥饶者见为乐，硗角者见为苦；若其不藏于己，则肥瘠皆公众之肥瘠耳，何苦乐之有哉？

群之内土地之法如此，群与群之间，虽各有疆界，亦不相侵夺。《春秋》曰："器从名，地从主人。器之于人，非有即尔。地之于人则不然，俄而可以为其所有矣。"《解诂》曰："凡人取异国物，非就有，皆持以归。为后不可分明，故正其本名。土地各有封疆里数；后王者起，兴灭国，继绝世，反取邑，不嫌不明；故不复追录系本主。"桓公二年。孟子谓慎子曰："周公之封于鲁，为方百里也，今鲁方百里者五，子以为有王者作，则鲁在所损乎？在所益乎？"《告子下》。国与国之疆界，原于部落与部落之疆界，侵夺者必归本主，此古部落之间土地之法也。亦讲信修睦之一端也。

田以外之土地,古人总称为山泽,无分赋之法,以其用之无须分也。其用之有定法当守,如数罟不入污池,斧斤以时入山林是也。所以惜物力也。

简易之器,人人能自为之;其较难者,则有专司其事之人。《考工记》曰:"粤无镈,燕无函,秦无庐,胡无弓车。粤之无镈也,非无镈也,夫人而能为镈也。燕之无函也,非无函也,夫人而能为函也。秦之无庐也,非无庐也,夫人而能为庐也。胡之无弓车也,非无弓车也,夫人而能为弓车也。"注:"言其丈夫人人皆能作是器,不须国工。"东印度农业共产社会,木工、陶工、理发工,各有专职,不事种植,禄以代耕,见波格达诺夫《经济科学大纲》,施存统译本。知后世之工官,原于古之共产社会也。此乃分职之一,非以牟利。

商业行于群与群之间。群之内皆公产。无所谓交易也。隆古社会,生活必须之物,率能自给。有求于外者,非凶荒札丧之日,则干戈扰攘之年。郑之迁国,与商人俱,《左氏》昭公十六年。卫为狄灭,文公通商;《左氏》闵公二年。即由于此。商人所求,皆大众必须之物;而其求之也,又非以己之资本经营,而因以牟利;则是时之商人,特跋涉山川,蒙犯霜露,且冒寇盗侵略之危,为其群服役耳。固消费者之友而非其敌也。商亦分职之一也。

《王制》曰:"冢宰制国用,必于岁之杪。五谷皆入,然后制国用。用地小大,视年之丰耗,以三十年之通制国用。量入以为出。"所谓三十年之通者?下文云:"三年耕,必有一年之食;九年耕,必有三年之食。以三十年之通,虽有凶旱水溢,民无菜色,然后天子食,日举,以乐。"《汉书·食货志》曰:"三载考绩,三考黜陟,余三年食,进业曰登。再登曰平,余六年食。三登曰大平,二十七岁,遗九年食。然后王德流洽,德化成焉。故曰:如有王者,必世而后仁。"知古之所谓大平者,不过有菽粟如水火而已。然人既受养于群,而群之生计,宽裕如此，则真无一夫不获其所矣，安得不谓之大平？宰者，掌财政之官。自天子至于大夫皆如是。故《王制》制国用者为冢宰，《周官》亦然；冉求为季氏宰而为之聚敛；《论语·先进》。孔子谓颜渊亦曰"使尔多财，我为尔宰"也。《史记·孔子世家》。战胜之族，赋敛之司，安能恤民如是？其必大同之世制用之规，概可见矣。非徒通众力而合作，亦且合前后而通筹；自有赢余，以备空乏，又安用攘夺他人为哉？此其所以能讲信修睦也。

讲信修睦之遗规，亦有可见者。一无遏籴。葵丘之盟，以是列于载书。《穀梁》僖公九年。《孟子·告子下》。晋饥，乞籴于秦，秦伯谓百里："与诸乎？"对曰："天灾流行，国家代有。救灾恤邻，道也，行道有福。"《左氏》僖公十三年。此所谓道，盖亦大同之世之遗也。二曰更财。澶渊之会是也。诸侯相聚，而更宋之所丧，曰："死者不可复生尔！财复矣。"《公羊》襄公十四年，《穀梁》义同。此犹今之保险，惟只弥补其损失，不须豫付保费耳。三曰代耕。孟子曰："汤居亳，与葛为邻。葛伯放而不祀。汤使人问之曰：何为不祀？曰：无以共牺牲也。汤使遗之牛羊。葛伯食之，又不以祀。汤又使人问之曰：何为不祀？曰：无以共粢盛也。汤使亳众，往为之耕。"《滕文公下》。此在后世之人，非谓为汤之阴谋，即以孟子为诞谩。殊不知阴谋贵使人不觉，立说亦必求取信；如后世之俗，汤何以能使其民？民安肯听于汤？若孟子妄为此说，亦何以见信于人也？则知代耕本古之所有；孟子时虽无其事，而古者曾有其事犹为众所共喻；故孟子于此，亦不如瞽叟北面之斥为东野人之言，血流漂杵之有不如无书之叹也。此所谓力恶其不出于身，不必为己者邪？墨子曰："今有能信效孙仲容曰："读为交。"先利天下诸侯者：大国之不义也，则同忧之。大国之攻小国也，则同救之。小国城郭之不全也，必使修之。布粟之绝则委之。币帛不足则共之。"《非攻下》。齐桓公伐山戎以救燕；却狄以存邢卫；合诸侯而城杞；戴公之卢于曹，归之乘马，祭服五称，牛、羊、豕、鸡、狗皆三百，与门材；归夫人鱼轩，重锦三十两；犹其事也。而曷怪汤之于葛哉？然则所谓王霸之道者，皆大同之世，讲信修睦之遗规之稍以陵夷者尔。

群与群之间如此，而况于群之内？《说文》曰：醵，"合钱饮酒也"。此即所谓群饮也。《酒诰》曰："群饮，汝勿佚，尽执拘以归于周，予其杀。"其严如此。然终不能绝也。汉世所谓赐酺者，即弛群饮之禁耳。以是为惠，可见民乐群饮之深。其乐之深何哉？习不易变也。孟子述晏子之言曰："师行而粮食。"粮同量。量食者，度其口实所需，余悉归诸官，赵宋之世所谓"括籴"也。在晏子时固为虐政，然实计口赋食之遗，犹可想见隆古食物公有之制。日食皆仰于公，安用家家自爨？然则隆古之世，必曾有合群共食之时也。《诗》曰："言私其豵，献豜于公。"非谓小者可以自私也；小者为一人所能尽，虽献诸公，及其分赋，亦还以畀诸一人，则不如许其遂私有之耳。然而公产之制，稍以陵夷；有食无食，家家不同；美食恶食，人人而异；则合食之法，不复可行；然而饮酒所以取乐也，独乐乐，不若与人；与少乐，不若与众；是以合食之制虽替，群饮之俗犹存。群饮其合食之饩羊哉？合食之世，则所谓货恶其弃于地，不必藏于己者也。如是，则其分赋，视其有求焉尔与否而已矣，不论其有功焉否也。所谓"食志"非"食功"也。《礼记·王制》曰："瘖、聋、跛、躄、断者，侏儒，百工各以其器食之。"注曰："使执百工之事。"殆非也。荀子亦有《王制》篇，与《礼记》相出入，但曰"五疾上收而养之"而已，不曰使执百工之事也。"食"字固有引申之义，《左氏》文公十八年"功在食民"是也。然则"百工各以其器食之"，犹言百工各以其器共其用耳。一人之身，而百工之所为备，虽瘖、聋、跛、躄、短者、侏儒，无所阙焉，是则所谓鳏、寡、孤、独、废疾者皆有所养也。此必大同之世之遗规，至于后世，虽稍以陵夷，犹未尽湮灭者也。若必执百工之事而后食之，则亦其自养而已，而何谓收而养之哉？《乐记》曰："强者胁弱，众者暴寡，知者诈愚，勇者苦怯，疾病不养，老幼孤独，不得其所，此大乱之道也。"虽小康之世病之，曾谓大同之世而有是乎？嗟乎！如《乐记》之言，虽号称治平如汉唐，富强如今日之欧美，曷尝能免于大乱之诮哉？

陈相道许行之言曰："滕君，则诚贤君也。虽然，未闻道也。贤者与民并耕而食，饔飧而治，今也，滕有仓廪府库，则是厉民而以自养也，恶得贤？"孟子讥之，此未达许子之意者也。盖所谓政府者，有威压之性质焉，有厘务之性质焉。风俗既薄，人之以私害公者多，人与人亦日争，政府乃不可无威权，而其事务亦日繁。若其不然，人人以善意相与，莫或背公党私；人与人亦不相争；外之则"邻国相望，鸡狗之声相闻，民各甘其食，美其服，安其俗，乐其业，至老死不相往来"。据《史记·货殖列传》引。今见于《老子》书者，辞小异而意大同。案此特谓彼此不相争斗；亦不以相往来故，而风俗随之而变耳。盖两社会相往来，而至于交受其弊，率由艳人之所有而思夺；或者群起慕效他人，风尚大变，至于与旧习不相容。汉与匈奴通，匈奴时时入盗边，而汉受其弊；匈奴变俗好汉物，争著长城下，贾生乃欲以五饵之策制之，而匈奴亦受其弊。今者中西交通，西人恃其富强，以陵轹我，朘削我；我又从而慕效之，遂至国蹙民贫，不可终日。事与古异，理实相同。老子但谓无此患耳。非真不相往来也，不可以辞害意。无诈欺也，无争夺也；虽并耕而食，饔飧而治，亦何不给之有。今偏僻之地，固犹有俗美风淳，终日无事，令长持坐啸卧治者，岂得以南京、上海不然，而疑其无此事乎？乌桓大人，各自畜牧营产，不相侵役。《后汉书》本传。吐谷浑无常税，调用不给，乃敛富室商人，足而止。《晋书》本传。古之选贤与能，亦若是则已矣。《周官》三年大比，使民兴贤，入使治之；使民兴能，出使长之。此持比长闾胥之类，在邃古则皆一部落之君长也。并耕而食，饔飧而治，夫何不可行？而亦安得有仓廪府库乎？为此说者，出于为神农之言者许行，益知荡然无等级之大同之世，乃古农业公产之小社会也。

大同之世之情形，可据后世之事推测者如此。

四、论大同之世如何降为小康

假使地表之情形，只能营农业以自养，而畜牧射猎，皆非所许，则人类社会之情形，必与今日大异。何则？农耕社会，内安和而外信睦，战斗非其所乐，农耕社会之战争，主于守御，所谓"重门击柝，以待暴客"也。墨子非攻而主守御，其远原盖在于此，即或征伐，亦必无系累杀戮之事。古有所谓义兵者，其说略见《吕览·怀宠》、《淮南·兵略》两篇，盖亦此时代之事。《史记·司马穰苴列传》，谓《司马法》闳廓深远，虽三代征伐，未能竟其义，如其文，夫三代固已入于小康之世矣。使举世而皆如是，则各社会相遇之时，或能有和平之法，以互相结合；而惜乎其不能也。有好和平之族焉，有好战斗之族焉，二者相遇，兵争斯起。有兵争则有胜败；有胜败，则有征服人者，有服于人者；而等级起，而德化衰矣。

黄族征服炎族，遗迹最易见者，厥惟国人野人之别。炎族古居洲渚，说已具前，黄族则似居山。黄帝邑于涿鹿之阿，其一证也。章太炎有《神权时代天子居山说》，盖黄族之古制。古有畦田，有井田。井田行诸野，畦田行诸国中。故孟子说滕文公，"请野九一而助，国中什一使自赋，卿以下必有圭田"，圭田即畦田，亦受诸国中者也。国中行畦田，野行井田者？野平正而国崎岖也。古者"国主山川"，《国语·周语》。故曰"王公设险以守其国"；《易·坎卦象辞》。故曰"域民不以封疆之界，固国不以山溪之险"也。《孟子·公孙丑下》。国必居山险者？征服人之族，于此屯聚自守，而使所征服者，居四面平夷之地，任耕种，出税赋焉。古者兵尝近国都，故阳虎作乱，壬辰戒都车，令癸巳至。说本江慎修，见《群经补义》。今文家说：天子畿方千里，公侯皆方百里，伯七十里，子男五十里；天子公侯之国，百倍相悬；而其兵，则天子六师，方伯二师，诸侯一师，三倍或六倍而已。古文家说：公方五百里，侯四百，伯三百，子二百，男百，则天子地四上公而百男，然王六军，大国三军，次国二军，小国一军，兵数之多少，亦与封土大小不相应。盖大国之所多者为农民，其本族任战之民，相去初不甚远也。《周官》之制：五家为比，五比为闾，四闾为族，五族为党，五党为州，五州为乡。其兵制：五人为伍，五伍为两，四两为卒，五卒为旅，五旅为师，五师为军。盖家出一卒。此任战之民，以什伍制之，其本，征服人之族也。《尚书大传》：古八家而为邻，三邻而为朋，三朋而为里，五里而为邑，十邑而为都，十都而为师，州十有二师焉。此野鄙之民，因井田制其邑居，不与征戍；其本，服于人之族也。夫野鄙之民，非不任战也，特不用以征战，仅使保卫本地方尔。如鞌之战，齐侯见保者曰："勉之，齐师败矣！"此犹今日大军战败于外，勉民团以自守也。战斗之事，悉由战胜之族任之，此犹高句丽之俗，"有敌，诸加自战，下户儋鱼米饮食之"矣。故曰"四郊多垒，卿大夫之辱；地广大，荒而不治，士之辱"也。《曲礼》士初指战士，其后则大夫以上世官，战胜之族为之；士无爵，由农民中选举，《周官》兴贤兴能之制是也，可参看《癸巳类稿·乡兴贤能论》。服于人之族，虽不事征战，然兵赋实其所出，今文家言：十井出兵车一乘，《公羊》宣公十五年，又昭公元年《解诂》。古文家据《司马法》，而《司马法》又有两说，一说以井十为通，通十为成，成十为终，终十为同，《周官·小司徒》郑注。又一说以四井为邑，四邑为丘，四丘为乘，郑注《论语》"道千乘之国"用之，见《小司徒》疏。虽为法不同，而其与井田相附丽则一，可见赋为野人所出。然利器不以畀之，故仅寓兵于农，世多以寓兵于农，为以农夫为兵，此误解也。寓兵于农，乃谓以农器为兵器。其制，详见《六韬·农器》篇。此自野人言之，可谓借寇兵赍盗粮矣。古者野无守御，故列国兵争，大军入境，辄直傅国都；而攻围大邑，历时始下如长葛者，则《春秋》重而书之。《公羊》隐公五六年。此野人之所以易制也。厉王暴虐，起而逐之者国人，以其故为战士。若野人，则"逝将去女，适彼乐土"，以逃亡图苟免而已。三代以前所以无叛民也。陈胜之起，贾生说为揭竿斩木。汉世大盗，犹多先劫库兵。江慎修曰："齐有士乡，其中贤能者，有升选之法。"亦见《群经补义》。此即《周官》三年大比兴贤兴能之制。盖古惟战士可以入仕，农工商皆不然也。士、仕实一字。询国危，询国迁，询立君，皆曰贤然后察之，见贤焉然后用之；皆曰不可，然后察之，见不可焉，然后去之；皆曰可杀，然后察之，见可杀焉，然后杀之。与政治者，亦皆以国人为限，未问谋及野人也。此自大同降入小康所生之等级也。

　　炎黄二族，社会之组织，亦本有异。周家特重適长，殷法则弟兄相及，其后吴人犹行之；楚国之举，恒在少者；《左氏》文公元年。知南方之族，不甚严宗法也，然宗法非始于周也。世谓宗法始于周者？（一）以自殷以前，其制无可征。（二）则殷既兄弟相及，五帝又官天下，然君位之承袭，本与家族承袭之法，不能尽符。女真非无传子之法，而生女直部族节度使之承袭，太祖以前，皆以景祖之命定之。蒙古大汗之立，与其家族承袭之法无干，则尤易见矣。故五帝之官天下，不能为其时无宗法之征。况夏人固父子相传矣。又周世宗法，制极严密，亦非行之未久者所能至也，然则宗法盖黄族所固有，民之初生，必以血脉相抟结。始焉，凡血脉相承者，皆抟结为一，是为姓。不论其从女抑从男。后稍析而为家。家之大小，略有一定。盖不独亲其亲，不独子其子之风既逝，则老者非其子莫之养，幼者非其父母莫之长；而人之情不能无妃匹；是以一夫上父母，下妻子，家人之数，率自五口至八口。然此五口至八口中，强壮善战斗者，惟一夫耳。有血脉之亲者，临事相集，素无统率；亦又心力不齐，不能必集；故无宗法之制者，战斗之力，不能甚强。有宗法者则不然。小宗五世而迁，所统率者已非寡弱；大宗百世不迁，则所统弥众矣。试读《礼记·文王世子》一篇，则知周天子之有庶子官，其初盖专以训齐其族人，与异族竞为务。《礼·丧服传》曰："禽兽知有母而不知父。野人曰：父母何算焉？都邑之士，则知尊祢矣，学士大夫，则知尊祖矣。诸侯及其大祖，天子及其始祖之所自出。"此古征服人之族有宗法，所征服之族无宗法之证。炎黄成败，此其大原因。宗法之制，有分土，无分民。战胜之族之酋豪，使其子弟，统其所征服之众，舜命象，"惟兹臣庶，女其予于治"是也，故知封建之原，所由来者远矣。特使分治理之劳，其统率之权仍在。故古卿大夫多以私甲从王事；诸侯之勤王，其事殊，其义一也。后属疏远，相攻击如仇雠，然其初，固已收指臂之效矣。百足之虫，死而不僵，周之东迁，晋郑焉依其事也。

　　男女之不平等，亦以黄族为甚。孔子论大同之世曰："男有分，女有归。"则男子实为权利之主，女子特有所依附耳，亦非全平等也。然以视小康之世，则迥不侔矣。古者一群之中，男女无适仪匹，其相媾合，惟论行辈而已。是以民知其母，不知其父也。其后盖以争色致斗乱，而同姓不昏，乃悬为厉禁。《礼记·郊特牲》："取于异姓，所以附远厚别也。"此为同姓不昏之真原因。"男女同姓，其生不蕃"等说，皆借以恐怖人，以行其教令而已。异姓之昏，在农耕社会为聘取，在游牧社会，则为劫略，《世本》言伏羲始制俪皮为嫁娶之礼，谯周亦云然。见《礼记·昏义》疏。此即六礼之纳征。六礼多用雁，雁守一雌一雄之法最谨，知羲农之族，本无妾媵之制。《盐铁论》谓古者一男一女，而成家室之道，盖指是时也。《散不足篇》，古书言一夫一妇者，予所见惟此一条，盖其制破坏久矣。黄族则不然。黄帝二十五子，而得姓者十有四人，其多妻妇可知。尧以二女妻舜，实即以侄娣从之制，《尧典》重尧女舜，故不及其侄耳。帝喾四妃，见《礼记·檀弓》"舜葬于苍梧之野"注。文王则百斯男，无不以多妻妇多子孙相夸耀者，何讥于后世之羌与匈奴也？《记》曰："系之以姓而弗别，缀之以族而弗殊，虽百世而昏姻不通者，周道然也。"足见殷代昏姻之制；与周不同。楚王妻妹，《公羊》桓公二年，楚有江芈，见《左氏》文公元年。吴亦以女女鲁昭公。盖三苗立国江域，殷人亦化被九夷，故南东之国，礼俗犹与周异。观其同姓不昏之禁，不如周人之严，则知其略取妻妇之风不甚，同姓昏媾，卿或聘诸名族，妻皆与我匹敌，男女之间，无由不平等，亦无由多得妻妇也。以力劫掠，斯不然矣。女谒之祸，不绝于后世，傥亦黄族野蛮之俗，有以使之然欤？

凡此，皆足见黄族之文化，本不如炎族；而战胜之后，又颇压制炎族，封豕长蛇，荐食上国，以理揆之，古代文化之区，且将黯无天日，然不至是。自西周以前，虽暴君代作，而亦有其治平之时；以大体论，犹克称为小康者？则以野蛮民族，陵暴文明民族，一时虽肆其凶焰，究不能摇动其社会组织之根柢；阅时稍久，凶焰衰而文化之力复张，则野蛮民族，且去其故俗，而自同于文明民族矣。辽、金、元、清之同化于中国，职此之由。黄族之渐化于炎族，亦若是则已矣。

孟子曰："夏后氏五十而贡。"又引龙子曰："贡者，校数岁之中以为常。乐岁，粒米狼戾，多取之而不为虐，则寡取之；凶年，粪其田而不足，则必取盈焉。"此制自后人思之，殊不可解。然亦何难解之有？此乃战胜者，责令所征服之地，按年包纳租税若干，而其他皆非所问耳。可谓无功而受禄矣。然亦以此，而所征服之族固有之良法美意，得以保存而弗失。举此一端，余可推测也。

战败之族困苦之深，必由战胜之族朘削之甚。然自西周以前，即孔子所谓禹、汤、文、武、成王、周公之世者，则此弊尚不甚烈。盖战胜之族,多起瘠薄之区,其人本习于俭;俭者之不可使遽奢,犹奢者之不可使遽俭也。《诗》曰:"曾孙来止,以其妇子,馌彼南亩,田畯至喜。"郑笺以为成王与其后、太子巡行南亩,饷食农夫与田畯也。后人多疑之,其实此何足疑? 周之初,亦西戎间小国耳,此事固理所可有,读《金史·昭肃皇后传》,则知之矣。昭肃后,唐括氏,景祖后,《传》曰:"景祖行部,辄与偕,政事狱讼,皆与决焉。景祖殁后,世祖兄弟,凡用兵,皆稟于后而后行,胜负皆有惩劝。农月,亲课耕耘刈获。远则乘马,近则策杖。勤于事者勉之,晏出早归者训励之。"不独此也,孟子引晏子之言曰:"天子适诸侯曰巡守。""春省耕而补不足,秋省敛而助不给。夏谚曰:吾王不游,吾何以休? 吾王不豫,吾何以助?"然则巡守之初,亦系劝农之政,特如朱梁之世,张全义之所为,至于方岳之下而朝诸侯,盖游牧之族酋长之所为,非羲农之族所有,故其说仅著于《尧典》焉,尧北教八狄;舜野死苍梧;禹会诸侯于涂山,殁葬会稽;五帝三王之间,多有远迹,其后遂不闻有是,以去游牧之世远,不复能以师兵为营卫,迁徙往来也。穆王欲肆其心,周行天下,则欲行黄帝、舜、禹之事者也。巡行田野,劝农听讼之遗规,则未尝废。故夏有游豫之谚,成王有饷农夫田畯之事焉。召伯行部而听讼于甘棠之下,亦犹金景祖行部而决狱讼耳。古听讼本于棘木之下也。此岂如后世之人君,深居宫禁之中,能极万方玉食之奉者哉? 又不独此也。孟献子曰:"畜马乘,不察于鸡豚,伐冰之家,不畜牛羊,百乘之家,不畜聚敛之臣。与其有聚敛之臣,宁有盗臣。长国家而务财用者,必自小人矣。彼为善之,小人之使为国家,灾害并至,虽有善者,亦无如之何矣。"朘削不已,终至自毙,此古征服之族,所鉴观遂事,深引为戒者也。又不独此也,战胜之族,必有刚健不溺晏安之德焉;亦必有哀矜恻怛,不忍所征服之族之仁焉。彝秉之良,人所同具,固不能至于战胜之族而绝无;此在上者所以能行仁政之原也。凡此,皆所以限制战胜之族之诛求,使不至于过甚者也。

　　益进,则征服之族,且将慕悦所征服之族之文明,而舍己以从之焉。孔子之告宾牟贾曰:"独未闻牧野之语乎? 武王既克殷,反商,未及下车,而封黄帝之后于蓟,封帝尧之后于祝,帝舜之后于陈,下车而封夏后氏之后于杞,投殷之后于宋。封王子比干之墓,释箕子之囚,使之行商容而复其位,庶民弛政,庶士倍禄,济河而西,马散之华山之阳而弗复乘;牛散之桃林之野而弗复服;车甲衅而藏之府库而弗复用;倒载干戈,苞之以虎皮;将帅之士,使为诸侯,名之曰建櫜;然后天下知武王之不复用兵也。散军而郊射,左射《狸(狸)首》,右射《驺虞》,而贯革之射息也。皮(裨)弁搢笏,而虎贲之士说剑也。祀乎明堂,而民知孝;朝觐,然后诸侯知所以臣;耕籍,然后诸侯知所以敬;五者,天下之大教也。食三老五更于太学,天子袒而割牲;执酱而馈,执爵而酳;冕而总干;所以教诸侯之弟也。"其言武王克殷,偃武修文之速,容或失之太过。然周公东征,制礼作乐,然后归政,上距克殷之时,亦不过十稔耳。其慕效大邦殷之文明,亦可谓亟矣。武王周公之营雒,得毋有元魏南迁之意邪? 夫周之作五官有司,而邑别居其民,乃自古公以来耳。然则前乎此,虽曰后稷、公刘,世隆农业,实诚如苏子瞻之言,与狄人无以异也。而知自进于文物声明,如此其速,则知黄帝之族,慕效羲农之族之文明非难也。《荀子》曰:"父子相传,以持王公;三代虽亡,治法犹存,官人百吏之所以取禄秩也。"《荣辱》。知战败之族之治法,为战胜之族所保持者多矣;有贤王作,举而措之,犹反掌也,《春秋》通三统之法,由此来也。抑《春秋》之义:诸侯用夷礼则夷之,进于中国则中国之。然则当时之蛮夷,自同于上国者多矣。匈奴、鲜卑、突厥、女真、蒙古之伦,所由一入中国,而遂泯然无迹也。观于今,固可以知古也。

　　《记》曰:"礼无不答,言上之不虚取于下也。上必明正道以道民。民，道之而有功，然后取其什一。故上用足而下不匮也。是以上下和亲而不相怨也。"《燕义》。只此数语，君民之故为两族，跃然纸上，知是义也，则上必有劳而后可以食于下，以视五十而贡之世，岁之丰凶，民之饥饱，悉非所问，惟责其岁纳租税若干者，迥不侔矣。又进，则君亦尽于天官之责，而为社会筦百事之枢焉。《荀子》曰："君者，善群也。群道当，则万物皆得其宜，六畜皆得其长，群生皆得其命，故养长时则六畜育；杀生时则草木殖；政令时则百姓一，贤良服，圣王之制也；草木荣华滋硕之时，则斧斤不入山林。鼋鼍鱼鳖鳅鱣孕别之时，罔罟毒药不入泽，春耕，夏耘，秋收，冬藏，四者不失时，故五谷不绝，而百姓有余食也。污池渊沼川泽，谨其时禁，故鱼鳖优多，而百姓有余闲也，斩伐养长，不失其时，故山林不童，而百姓有余材也。"《王制》，古书中此类甚多，此特引其一而已，《淮南·主术》、《史记·货殖列传序》等皆可参看。此皆大同之世固有之良规，世及为礼之大人，引为己任，而修明之保守之者也。《记》曰："先王能修礼以达义，体信以达顺。"《礼运》。其斯之谓欤？

　　《记》曰："岁之成……百官斋戒受质，然后休老劳农。"《王制》。又曰："孟冬之月，天子乃祈来年于天宗，大割祠公社及门闾，腊先祖五祀，劳农以休息之。"《月令》。又曰："蜡也者，索也；岁十二月，合万物而索飨之也。黄衣黄冠而祭，息田夫也。既蜡而收民息已，故既蜡，君子不兴功。"《郊特牲》。此古者农功既毕，施惠于民之事，所谓"百日之蜡，一日之泽"也，《杂记》。又曰："祭者，泽之大者也，是故上有大泽，则民夫人待于下流，知惠之必将至也。"《祭统》。此国有庆典，施惠于民之事也。虽上之所施，固为下之所有，夺之而又以施之，近乎朝三暮四，然此亦充类至义之尽之言，终胜于屯其膏而不施者矣。

　　然则是时也；井田之制仍存。山泽犹为公有。文王之囿，刍荛者往焉，雉兔者往焉是也。《王制》："名山大泽不以封。"注："与民同财，不得障管。"

盖封建之制初行时犹如此。工官制器，以共民用，非以矣利也。商业，大者犹行诸国外；其在国中者，《考工记》"匠人营国，面朝后市"是也，《孟子》言"市廛而不税"。所谓廛，盖国中之地。则监督之者甚严；《王制》"有圭璧金璋"一节是其遗制。在田野者，则何邵公所谓"因井田而为市"，《公羊》宣公十五年《解诂》。孟子所谓"求龙断而登之"之贱丈夫，《周官》所谓贩夫贩妇者耳，固不能牟大利。自士以下，至于府史胥徒，禄亦仅足代耕，除有土之封君外，固无甚贫甚富之差，虽多一寄生之虫，病状犹不甚剧也，夫是之谓小康。

五、论小康之治如何降为乱世

《庄子》曰："藏舟于壑，夜半，有力者负之而走。"《齐物论》。社会之迁流，夫固非人所能逆睹；抑且身丁其境而不自知哉！

野蛮民族，侵犯文明民族，自当时视之，固为一大变，然不久而患即平，何也？社会之根柢，未尝动摇，则其组织不生迁变；野蛮民族，既欲入居文明民族之中，而享受其所有，其势即不得不顺从其组织，而与之俱化也，至于社会之组织，自起变迁，而其势非复如此矣。

社会组织之迁变，何自起哉？则起于交通日便，生齿日繁，通工易事之范围，随之而日扩。从来论世风之升降者，每致慨于民德之日漓。其实民之秉彝，古今一也，而何以古人仁而后人暴？古俗醇而末俗浇？则必有使之然者矣。盖古者社会小，易以人力控驭，故其组织，皆足当今人之所谓合理。Rational。后世则体段太大，控驭无从，遂一听其迁流之所至也，人莫不随所处之境而转移。处于合理之社会中，居心自不得不善。而不然者，则亦将如江河之日下而不可遏止。故风俗之浇醇仁暴，社会之组织实为之；而社会组织之不善，亦可云人之智力不逮，仅能控驭其小者，而不能控驭其大者使然也。古代农业社会，有所需求，率由自给。一社会中，分职如何，至易见，亦至易定也。隆古之世，人有协力以对物，而无因物以相争，人处此境界中，自私之心，固无由而起。及生齿繁而拓地广，交通便而来往频，则各甘其食美其服之社会，遂不免互有关系。古之公产，公诸部落之内，非公诸部落之外也。部落之内，人受豢于群，作务亦皆以为群，至于部落之外，则有所取必有所以为酬，而贸易之事以起。人孰不欲多得利？不相往来之世，某物必须自造，某物当造若干，著为定则，确不可易者，至此，则可不造而求诸人，或多造以与人易；向者之分职，遂不复合理，而渐次隳坏于无形。又人莫不爱异物。当不相往来之时，所见者皆习见之物，贪求之心，无自而起也；至于与异部落接，而异物日呈于目，则有勃然不能自遏者矣。人之好异物，自古已然。历代岭南官吏之所以多贪污，原因固多，多见异物，亦其一也。《礼记·礼器》曰："三牲鱼腊，四海九州之美味也。"以多致远方之物为孝，则三代以前，已如此矣。夫公产之世，无所谓私产也。且无私产，何从有私产之禁？与异部落接，爱其异物，遂不免多造本土之物，以与之易；所易得者，自然为所私有；于是公产社会之中，有私产者渐多。至于固有之分职，破坏已尽，则人不能受豢于群；其所作为，亦非以为群；交易之事，向仅行诸部落外者，今遂行诸部落之中；向仅以餍贪求之欲者，今遂非此不能生活。人人当劳力以自养，人人莫或顾恤人，遂变为货力为己之世界矣。夫能坏人心术者，莫交易若也。赤子之心，不知人我之别也，使之适市，卖者多所求焉，买者则靳之；人之厚，则我之薄也；人厚若干，则我薄若干，其数适相当也，再三往焉，而人己利害之相反，昭然若揭矣。此等教育，既有私产以后，人人童而习之；少成若性，习贯自然，此其壮而行之，所以造次必于是，颠沛必于是也。岂无一二赋性独厚之人；以人之利，为己之利；以人之害，为己之害？然此等人胡可多得？其滔滔者，则皆惟利是视而已。有权力者，遂不恤糜烂其民而战之，所谓"谋用是作，而兵由此起"也。古代论兵争者，咸以为出于人之情性，所谓"自含齿戴角之兽，见犯则校，而况于人"也。然以争利而动者，实亦甚多。墨子非攻，所以斤斤计较于所得所丧之多寡也。孟子曰："争地以战，杀人盈野；争人以战，杀人盈城；此所谓率土地而食人肉。"其说亦隐与墨子相通矣。争利不必土地，人民、金玉重器亦昔人所视为利，列国兵争，率以略得免，即由于此。虞公以宝剑亡身，囊瓦以裘马覆国，读史者莫不笑之；然今之好骨董，爱饰物者，果有虞公、囊瓦之权力，能保其不为虞公、囊瓦乎？郅治之极，必贵清静寡欲，亦自有至理也。

　　财之为用，语其究竟，终在消费，此理之自然也。世之先贫后富者，怵于贫而习于俭，恒斤斤不敢自肆，然饮食服用，终必有逾于初，即由于此。一再传后，创业之艰难，已非后人所深悉；而人之情，由俭入奢易，由奢入俭难，始焉视为奢侈者，继则以为当然矣；寖假明知其奢而不能自克矣；淫昏之子，又有不知奢之为恶；或虽知之而肆行无忌者；此其所以始渐陵夷，终若山颓也。古代贵族，降而愈侈，亦由于此。其人既有权力，则有所不足于己，必也虐取于民，而大同之世之遗制，为所破坏者多矣，井田其一也。

　　井田之制，非必暴君污吏之所破坏也，而不能不谓暴君污吏，有以促其成。何也？夫人私心既起，则凡物皆欲据以自私。土地者，利之原也，安得不思私之乎？然土地之不可私，理至显也，亦安敢遽私之乎。此则暴君污吏，有以助之矣。古者阡陌沟洫，占地甚多。生齿既繁，土田稍感不足，则不免稍破坏之，此本君与吏之所当禁；然为君与吏者，或利土地辟而税收可多；或又侵夺人之土田，于封疆亦利改造；则阴许之，且阳唱率之矣。世皆以开阡陌为商鞅咎，然自秦以外，井田谁实破坏之邪？故知当时，坏井田之民，及许民坏井田之暴君污吏，遍天下矣。古之民，十九以农为业，井田坏，地权不均，农乃失职矣；乃有所谓闲民。乃有离乡轻家，如鸟兽者；而民乃不可治，而风化乃日坏。

　　山泽故公有也，后乃障管焉，《管子》之官山海是也。《管子》之官山海，其意固以为公，然必先有障管山泽者，而《管子》乃为是言；

而其时之障管山泽者，其意非以为公，则彰彰明甚也。何也？汉世山泽，自天子至于封君，各自以为私奉养，苟非晚周之遗法，汉人其敢一旦行之哉？人君障管山泽，不能自用之也，乃或以赐佞幸，如汉文帝以铜山赐邓通。或利馈献，以赐企业之家，如戎王多与乌氏倮畜，畜至以谷量。必不徒赐之畜，盖其量畜之谷，亦取之戎王矣。其地遂渐入私家之手。《史记·货殖列传》所载事牧畜、种树、煮盐、开矿之人是也。古之侵民地者，多以供游乐驰骋，孟子所谓“坏宫室以为污池，弃田以为苑囿”是也。齐宣王郊关之内，有囿方四千里，杀其麋鹿者，如杀人之罪，犹是如此。此等苟有贤君，弛以与民易耳；为企业之家所据，则难变矣。董仲舒谓汉世富人，田连阡陌，又专川泽之利，筦山林之饶，由此也。

　　工官之制，亦稍废坏。盖新器日出，不必皆由官营；其旧有者，或不给于用；或虽给用，而不如私家所造者之良；则国工稍以陵夷，而私家之业制造者顾日盛。汉世郡国，有工官者无几，可见考工之制久废也。王莽行六筦之诏曰：“夫盐，食肴之将。酒，百乐（药）之长，嘉会之好。铁，田农之本。名山大泽，饶衍之藏。五均赊贷，百姓所取平，仰（印）以给澹。铁布铜冶，通行有无，便民用也。此六者，非编户齐民，所能家作，必仰（印）于市。虽贵数倍，不得不买。豪民富贾，即要贫弱。”盖不能家作之具，皆有人焉，起而经营之矣，汉世所谓商人者，其中实多工业家，盐铁酒酤，其最显者也。

　　其专以买贱卖贵为事者，是为名副其实之商人。《管子》曰：“岁有四秋，农事作为春之秋。丝纩作为夏之秋。五谷会为秋之秋。纺绩缉缕作为冬之秋。物之轻重，相什而相百。”《轻重乙》。又曰：“岁有凶穰，故谷有贵贱；令有缓急，故物有轻重。然而人君不能治，故使蓄贾游于市，乘民之急百倍其本。”《国蓄》。所谓令有缓急者，古税敛多以实物，上以是求，下不得不以是应，而或非其所有，则不得不求之于市，

《轻重甲》篇所谓"君朝令而夕求具，有者出其财，无者卖其衣屦"者也。古惟王公贵人之家，为能多所蓄藏；如《管子》谓丁氏岁粟，足食三军之师，见《山权数》篇。又商贾所挟珠玉金银等，惟王公贵人，为能消纳之；故商人多与王公贵人为缘。子贡结驷连骑，以聘享诸侯，非必以其官而尊之，亦由平时本有交接也，晁错谓当时商人，交通王侯，力过吏势，由此。

　　商人非徒买贱卖贵也，亦兼为子钱家。《管子》曰："使万室之都，必有万钟之藏，藏繦千万；便千室之都，必有千钟之藏，藏繦百万；春以奉耕，夏以奉耘；耒耜、械器、种饷、粮食，毕取澹（赡）于君，则大贾蓄家，不得豪夺吾民矣。"《国蓄》。明当时农夫耕耘之资，皆取诸大贾蓄家也。《管子》又曰："养长老，慈幼孤，恤鳏寡，问疾病，吊祸丧，此谓匡其急。衣冻寒，食饥渴，匡贫窭，振罢露，资乏绝，此谓振其穷。"《五辅》。又《幼官》：再令（会）诸侯，令曰："养孤老，食常疾，收孤寡。"省耕省敛之法既废，匡急振穷之政又亡，嗟嗞吾民，不于大贾蓄家取之，而谁取之哉？且为人君者，亦或躬为子钱之家焉。孟尝君使冯煖收责于薛是也。非别有用心，而肯如陈氏之厚施于国者鲜矣。夫子钱，最易使人沦于饥寒之渊者也。《管子·问》："问乡之良家，其所牧养者，几何人矣？问邑之贫人，债而食者几何家？贫士之受责于大夫者几何人？问人之贷粟米有别券者几何家？"良者，对贱而言。牧养人者为良，所牧养者，自然为贱，此俘虏而外，奴隶之所由起也。贫人谓凡民，贫士则故以仕官为业者，失职而受责于大夫，此四公子之徒所由以养士名也。

　　《史记·平准书》曰："自太昊以来，则有钱矣。"未知信否。要即有之，亦为用不广。又云："大公为周立圜法，钱圜函方，轻重以铢。"《说文》曰："古者货贝而宝龟，周而有泉，至秦废贝行钱。"盖后世之所谓钱者，实始于周而专行于秦。周虽有钱，犹兼用贝，殷以前可知也。物无不可为易中，然利储藏，便分割，实惟金属具有此德；故以金为币，而币之用始弘。然泉币之兴，固使利源易于流通，亦使利源易于专锢。何也？物过多则无用，故苟有菽粟如水火，过客必饷，非难事也。有泉币则易易为他物，物不可尽，而人之欲随之无穷矣。生计学家言："昔欧洲教会所以能布施，以所有者多日用必须之品故。"岂惟教会，今乡僻之富人，所以能好行其德者，盖亦由于此焉；而古王者所以能省耕省敛，匡急振穷，其故亦从可思矣。钱币兴而可致之物多，而兴发之事始少矣。又无用之物，可转化为资本，以贷于人，而子钱家之业亦益盛。汉景帝之世，七国之叛也，长安中列侯行从军，皆赍贷子钱。子钱家以为侯国邑在关东，关东成败未可知，莫肯贷；独无盐氏出捐千金贷。一岁，其息什之。假使无黄金铜钱，宁有贷粟帛而行者哉？故曰：钱币之用弘而子钱家之业益盛也。而其利于商人之废居，更不俟言矣。

闾阎之民如此，其在钟鸣鼎食之家，亦因争斗之日烈，而亡国败家相随属。亡一国，则国族皆夷为庶民；败一家，则家人悉沦为皂隶。"要下宝玦青珊瑚，可怜王孙泣路隅。问之不肯道姓名，但道困苦乞为奴"。在后世则见而哀之，其在弑君三十六，亡国五十二之世，又何足异也？此曹岂能槁项黄馘，安于耕凿，老死于牖下哉？挟其所长，敖游王公之间，优于文者为儒，长于武者为侠。岂无诵法孔子，进以礼，退以义；服膺墨翟，勤其生，薄其死之人？然其多数，则贪饮食，惰作务，为盗跖之居民间者而已矣。曲学阿世，豪桀务私，自此昉也。

人心之仁暴，风俗之浇醇，岂不以其境哉？社会之组织既殊，而世风亦于是乎一变。

六、论自大同至乱世人心风俗之变迁

　　自来论世运之升降者，每致慨于风俗之浇漓；以为欲跻治道于隆平，必先振人心之陷溺。其实所谓人心者，分而观之，则若不可测；合而观之，其升降自有定则。处于何等境界中，即有何等思想；合众人而相熏相染，而一世之风俗以成焉。不知改良社会，以振救人心；而欲先振救人心，以改良社会；因果倒置，本末误持，此其所以万变而不当也。然此惑之由来旧矣。今故追论大同之世，降逮小康，以迄乱世，一一举其变迁之所由，以释世论之惑焉。

　　古代之风俗，有以为极美者，如孔老大同郅治之说是也。有以为极恶者，如《管》、《商》书《君臣》、《开塞》二篇是也。二者果孰是？曰：皆是也。人也者，自动物进化者也。惟其自动物进化，故好生恶死，先己后人，一切与动物无异。饮食男女之欲，有所不遂，即不免贼人以自利。然人也者，亦进化之动物也。惟其为进化之动物，故其相仁（人）偶之心，非凡动物所及；而其智能烛事，又能将其措置妥帖，使人我之利害，不相衡（冲）突，亦非凡动物所能。人在进化途中，系走至此一步，不必妄自菲薄，亦不容过事夸张。古人谓人之所以异于禽兽者几希，实最得其情也。惟其然也，故除少数圣哲外，率先己而后人；而苟非境遇迫之，则亦不肯戕贼人以自利。又人也者，群居之动物也。社会之组织既定，一人处于其间，其能自由之境极微，故中材之转移，率视乎其所遭直。人类社会之情状如此。

隆古之世，人有协力以对物，而无因物以相争。斯时也，因其捍患之力甚弱，凡物皆足以为害；又因其智识愚昧，不知害之所自来，而无从豫防；是以其对物极残酷。而人与人之间，则极为和平。以其利不存于剥削人，而存于与人相合力也。浅演之民，往往残暴仁慈，两臻其极，自文明人观之，殊觉其不可解，其实无难解也。彼其残酷，盖视人如物；其仁慈，则视人如人。凡人皆与我相仁（人）偶，而能害我之人，则概视为物，盖斯时之人之意念然也。夫其对人固和平矣，对物虽恐惧猜疑，然因不明其性质，不能知患之所自来而豫防之，故在平安无患之时，即亦宽闲自适；远虑非斯时之人所有也，况于机械变诈？此皇古之世，风俗所由淳厚也。《白虎通义》称三皇之民曰："卧之祛祛，行之盱盱（吁吁）；饥即求食，饱即弃余。"盖其状也。

斯时之民，争夺相杀，不起于群之中，而恒起于群之外，故当渔猎游牧之世，口实不足，生活堪虞，往往酿成争斗杀戮。至于耕农之群，生计饶足；人与人之关系，仍极和平；而其对于物也，亦因抗御之力渐强，不忧其为害，而残酷之情渐减；人类之黄金世界，遂于此出见焉。此即孔子所谓大同，老子所谓郅治也。

老子曰："失道而后德，失德而后仁，失仁而后义，失义而后礼。"此非虚言也。道也者，宇宙自然之则也。德也者，知此则而能遵循之之谓也。手能持，足能履，道也。知持必以手，履必以足，手当如何持，足当如何履，德也。人之初，则行乎其所不得不行，止乎其所不得止而已；未尝知有所谓宇宙定律者，而遵循之也；盖犹未知物我之别也；此所谓道也。至于知有宇宙定律，而有意于遵循之，纵其所行，能悉与定律合，而已知有物我之别矣；已不如物我不别之淳矣；故曰失道而后德也。仁也者，人相人偶之谓也。至于知人之当相人偶，而又有人我之别矣。义也者，事之宜也。人之相人偶之心无穷，而或格于事，不能遂，则须斟酌于其处置之方；或割小以全大焉；或忍目前以济将来焉。盖人不能尽相人偶，故所处之境，遂有迫之使不得两全者也。然当是时，犹人人思酌度乎处置之宜，以全夫人与人之相人偶也，至于不恤损人以利己，则非有轨范以限制其行为不可，而所谓礼者起矣。故曰：失德而后仁，失仁而后义，失义而后礼也。老子之言，看似玄妙，然以社会风俗升降言之，固极平易之解也。

大同之世，如何降为小康邪？曰：其必自愚智之分始矣。古之人，厚于仁而薄于智。与多费一分心，宁多出十分力。有能指挥而统率之者，则欢喜拥戴之；必不曰"尔何以当指挥统率我，我何以当受尔指挥统率"也。古代传说，率视其酋长为聪明才智，首出庶物；而文明社会，才能不过中庸之子，一入蛮夷，即能为之大长，实由于此。夫如是，在上者而欲滥用威权，在下者固无如之何；犹能噢咻而抚摩之，则父母不翅矣。故小康之世，在上者之道德，曰仁与智。在下者则利于愚，所谓安分守己也。又有所谓臣者，爱豢养于君；助之战斗，为之服役焉。其道德曰忠。忠也者，尽力以卫其君，及其家人，与其子姓；使保其财产及荣名，其初意如此而已矣。有安社稷臣者，以安社稷为说；君而死亡也，视其所为死亡者，为己死，为己亡，非其亲昵，莫之敢任；此君臣之义既进化后之说，非其朔也。臣民之义固异，后稍相淆，合忠与愚而一之；忠不叛其上，愚不慊于己，是以上下之位，若天泽之悬殊；其奉养，尤什百倍蓰而未有已；而犹可以相安也。征服者与所征服者，其初未尝不相怨嫉。然古人蔬（疏）于虑患，在上之噢咻抚摩，虽伪而亦易以为诚；且无书史记载，过去之事，亦极易忘耳。清之陷江南也，下剃发之令，民奋起抗之，至丧其身而不恤；然不及三百年，民国光复，又有以发辫为吾所固有，而冒死欲存之者矣；此前事易忘之明征也。今世如此，况于古初？征服者与所征服者之怨嫉，不一再传而消失，固其宜矣。上下之分既立，推之父子兄弟夫妇长少主仆，莫不皆然。在上者利其然而鼓厉之；虽在下者，亦忘却万人平等，亦可相安，而误以为欲维社会之治安，非立此上下之分而严守之不可也。上下合力，维持此人与人间之关系，而小康之世之伦理，遂历千载而不敝焉。今日深入乎人心，视为是非善恶之准者，大抵此时代之所留遗也。曾国藩《陈岱云妻墓铭》曰："民各有天惟所治，焘我以生托其下，子道臣道妻道也；以柱（义）擎天臂（譬）广厦，其柱苟颓无完瓦。"最足见小康时代之思想。彼皆视此等伦纪坏，则社会将不可一日居，而不知非其朔也。

"父慈子孝，兄友弟恭，夫义妇听，长惠幼顺，君仁臣忠"。此《礼运》所谓人义，即小康时代之伦理也。使能谨守其畔而不越，各尽其分而无歉，原亦可以小康。然而人莫不欲利，利在前而权在手，总不免于滥用，此事之无可如何者也。在下者则将谲以自免。于是上虐其下，下欺其上矣。至于上虐下欺，而父子兄弟夫妇长幼君臣之道苦矣；而小康之世之伦纪，本实先拨矣。虽曰：彝秉之良，无时或绝；人与人相人偶之心，未尝不存于衰世；然而恒人之情，恒先己而后人；不能人人皆杀身成仁，行菩萨行；则在一定情形之下，其道德心，亦必仅能维持至一定限度；其情形有变迁，其道德心，亦必随之而为消长；此势有必至，理无可疑者也。人与人之利害，既相冲突矣；损人以自利之事，既不可免矣；则必有公仞之法；而此法亦必有强力以守之；于是刑政生焉。然刑政必有人司之；司之者亦人也；在一定情形之下，其道德心，亦必止能维持至一定限度；其情设有变迁，其道德心，亦必随之而为消长；亦势有必至，理无可疑者也。于是禹、汤、文、武、成王、周公之治，亦终不可久，而暴君代作焉。

商人者，民治主义之师长也。何以言之？曰：欲行民治主义，必有较计利害之心。必能自度曰：尔之才智，果逾于我邪？尔所以统治我，我当受尔统治者，果才智为之邪？抑亦地位为之邪？抑尔之命令文诰,若皆为国为民者,其果然邪? 抑亦口虽云然,而嗜利固无以异于小人邪? 知较计及此,则上之所以临下,不过地位为之;下之从上与否,亦惟视其利害以为衡;较然可见矣。此等较计利害之心,遍于天下,而民不可以端拱而治矣;而人与人之相处,其道亦益苦矣。

何谓贫? 贫者,不能全其生之谓也。然此至难言也。寻常所谓贫,则皆相形之下,觉其不足耳。与我相形者无穷,则我之自觉其不足亦无穷。故曰:"万取千焉,千取百焉,不为不多矣,苟为后义而先利,不夺不餍。"故曰:"民之饥,以其上食税之多。"历代大乱之前,以物力论,必远较大乱之后为丰,然人心恒觉戚然不可终日;及大乱之后,赤地无余,愿彼此相安焉;此所谓足不足者,不在于物之多寡,而系于彼此相形之铁证也。

人也者,有远虑者也;不惟顾恤现在,亦且悬念将来。然人之为力至微,非合群相保,其陷于饥寒死亡至易。既已人自为谋,莫或相顾恤矣,安得不汲汲皇皇,惟利是图,惟力是视? 太史公曰:"贤人深谋于廊庙,论议朝廷,守信死节;隐居岩穴之士,设为名高者,安归乎? 归于富厚也。是以廉吏久,久更富;廉贾归富。富者,人之情性,所不学而俱欲者也。故壮士在军,攻城先登,陷阵却敌,斩将搴旗,前蒙矢石,不避汤火之难者,为重赏使也。其在闾巷少年,攻剽椎埋,劫人作奸,掘冢铸币,任侠并兼,借交报仇,篡逐幽隐,不避法禁,走死地如骛(鹜),其实皆为财用耳。今夫赵女郑姬,设形容,揳鸣琴,揄长袂,蹑利屣,目挑心招,出不远千里,不择老少者,奔富厚也。游闲公子,饰冠剑,连车骑,亦为富贵容也。弋射渔猎,犯晨夜,冒霜雪,驰坑谷,不避猛兽之害,为得味也。博戏驰逐,斗鸡走狗,作色相矜,必争胜者,重失负也。医方诸食技术之人,焦神竭能,为重糈也。吏士舞文弄法,刻章伪书,不避刀锯之诛者,没于赂遗也。农工商贾畜长固,求富益货也。此有知尽能索耳,终不余力而让财矣!""天下熙熙,皆为利来;天下攘攘,皆为利往。"人人怀利以相接,安有能善其后者邪?

则有因人欲利之心以驱使之者。管子曰:"利之所在,虽千仞之山,无所不上;深渊之下,无所不入。故善者,势利之在,而民自美安;不推而往,不引而来;不烦不扰,而民自富。如鸟之覆卵,无形无声,而惟见其成。"《禁藏》。斯密亚丹《原富》之精义,此数语括之矣。又曰:"渾然击鼓,士忿怒,舆死扶伤,争进而无止,非大父母之仇也,重禄重赏之所使也。故轩冕立于朝,爵禄不随,臣不为忠;中军行战,委予之赏不随,士不死其列陈。故使父不得子其子,兄不得弟其弟,妻不得有其夫,惟重禄重赏为然耳。故不远道里,而能威绝域之民;不险山川,而能服有恃之国。发若雷霆,动若风雨;独出独入,莫之能圉。"《轻重甲》。今帝国主义之所以侵略人,得毋有合于是邪?夫因自然之势以使其民,则诚"下令于流水之原"矣;然而势处于必乱,则亦熟视而无如何。何也? 自然之势在敌也。故曰:"民不畏死,奈何以死惧之。"夫人孰不畏死,然进亦死,退亦死;进则其死抒,退则其死迫;人孰不争死敌? 非不畏死也,正畏死使然也。违死之众,孰能圉之? 夫谁使之自视以为退不能生,宁进而死者邪? 则与其人之生活程度,大有关系矣。故曰:"民之轻死,以其奉生之厚。"

人之情,莫不先己而后人,故处境窘则亲爱之情薄,亲爱之情薄,则责望之心深。韩非曰:"今世之学士,语治者,多曰与贫穷地,以实无资。今夫与人相若也,无丰年旁入之利,而独以完给者,非力则俭也;与人相若也,无饥馑疾疚祸罪之殃,独以贫穷者,非侈则惰也。侈而惰者贫,力而俭者富。今人征敛于富人,布施于贫家,是夺力俭而与侈惰也。"《显学》。何其与远西论恤贫者之言,如出一口也?夫人与人之相若,岂易言哉? 今姑勿论此,而"母之于子也,贤则亲之,无能则怜之"。《礼记·表记》。货力不私,孰与为侈? 又岂不能养数无能之人乎？然则民去大同之世而入于小康，犹去慈母之怀，而立诸严师之侧也；入乱世则委为奴虏矣。

且衰世之刑罚人，岂当其罪哉？庄周曰："柏矩之齐，见辜人焉。推而强之，解朝服而幕之，号天哭之，曰：子乎！子乎！天下有大灾，子独先罹之。曰莫为盗，莫为杀人。荣辱立然后睹所病，货财聚然后睹所争。今立人之所病，聚人之所争；穷困人之身，使无休时；欲无至此，得乎？匿为物而愚不识，大为难而罚不敢，重为任而罚不胜，远其途而诛不至，民知力竭，则以伪继之。日出多伪，士民安取不伪？夫力不足则伪，知不足则欺，财不足则盗。盗窃之行，于谁责而可乎？"《则阳》。天灾人祸，其非一人之力之所能御同。然天灾之为害也，有定而可以豫测，人祸则不然。天灾也，可合人力以御之，人祸则祸我者，正我所欲与协力之人也，又谁与御之乎？然则人祸深于天灾也。举众所共造之孽，责诸一人之身，而刑戮之，人复何以自免乎？

淮南王曰："仕鄙在时不在行，利害在命不在智。"《齐俗》。岂不信哉？韩非曰："古者丈夫不耕，草木之实足食也；妇人不织，禽兽之皮足衣也；不事力而养足，人民少而财有余，故民不争，是以厚赏不行，重罚不用，而民自治。今人有五子不为多，子又生子，大父未死，而有二十五孙。是以人民众而货财寡，事力劳而共养薄。故民争。虽倍赏累罚，而不免于乱。尧之王天下也，茅茨不剪，采椽不斫；粝粢之食，藜藿之羹；冬日麑裘，夏日葛衣；虽监门之服养，不亏于此矣。禹之王天下也，身执耒臿，以为民先；股无胈，胫不生毛；虽臣虏之劳，不苦于此矣。以是言之，夫古之让天下者，是去监门之养，而离臣虏之劳也，古传天下而不足多也。今之县令，一日身死，子孙累世絜驾。故人重之。是以人之于让也，轻辞古之天子，难去今之县令者，薄厚之实异也。"《五蠹》。士之毁方而为圜，又曷足怪哉？古之人之于朋友也，"久相待也，远相致也"。其后至于"入门各自媚，谁肯相为言"，以此。

约束人使不敢肆者，莫如舆论之力之强。子曰："孝哉闵子骞，人不间于其父母昆弟之言。"《论语·先进》。孟子曰："暴其民甚，则身弑国亡；不甚，则身危国削；名之曰幽厉，虽孝子慈孙，百世不能改也。"《孟子·离娄》。毁誉之不可枉如此，是以能使人知所畏。故曰："斯民也，三代之所以直道而行也。"《论语·卫灵公》。然而其后则有不能尽然者矣。"色取仁而行违，居之不疑，在邦必闻，在家必闻"。《论语·颜渊》。则知世有违道干誉之人。"行何为踽踽凉凉？生斯世也，为斯世也善，斯可矣。"《孟子·尽心》。则知世有枉道避谤之士。至是而毁誉不足凭矣。故乡人皆好之，乡人皆恶之，皆有所未可也。《论语·宪问》。论者必曰："古国小，人民少，又重迁徙，所谓大国，不过如后世之僻邑而已。一言一行，恒为众所周知，无所逃于指摘。毁誉所被，荣辱随之；荣辱所在，利害随之；是以舆论为众所严惮。至于后世，四海一家，士不北走胡，则南走越。'异域之人，瑕疵未露'，虽或负累，犹得自容；而社会情形复杂，士亦或为高世之行，非恒人之所能知；毁之或以为喜，誉之或以为忧；故毁誉不复能为是非之准，寖至失其裁制之权。"斯固然也。然而评论果本于良心，即应以己所闻知者为限。殊方异域之士，"道不同不相为谋"之人，皆应置诸不论不议之列。如是，是非何由淆乱？是非之淆乱，非其智之不及，实其心之不正。知其人之恶也，而慑于势，则不敢毁；受其恩，则不肯毁；与之为朋党，则且可矫情以誉之。知其人之善也，而以其有负俗之累，以欲避嫌，则不肯誉。知其事之有害也，而己有利焉，则可以肆行簧鼓。知其事之有益也，而己有害焉，则可以胥动浮言。要而言之，不以所毁誉者之善恶为凭，而以己之利害为准，此是非之所以纷然淆乱也。天下之人，非皆可欺也，且皆极不易欺。所以可欺，全因其先为私意所中。故毁誉之不正，实由人与人之关系，先失其常也。夫如是，得天独厚之士，安得不孤行其是，以毁为喜，以誉为忧哉？盖至独行之士兴，而知其时之舆论之为反社会者矣。

不徒舆论之为反社会也，法律亦然。法律者，所以裁制反社会之行为者也。何谓反社会？不道德是已。故法律与道德当合一。然而不能然，今有居心不可问，而法律顾无如之何者，俗称其言曰官话。官话者，合乎法律之言也。然则合乎法律者，不合乎道德也；然则合乎道德者，不必为法律所保护，或且为其所惩治；不合乎道德者，不必为法律所惩治，或且为其所保护也。是则法律自为反社会者也。法律之反社会，何自始哉？曰：观于决狱者不问居心，但论行为，则知其所由来矣。是非善恶，当论居心，本无疑义。所以不是之问者，非谓其不当问，乃以人之居心，多不可问；且亦无从问耳。子曰："听讼，吾犹人也，必也，使无讼乎。无情者不得尽其辞。"《礼记·大学》。曾子曰："如得其情，则哀矜而勿喜。"《论语·子张》。《王制》曰："凡听五刑之讼，必原父子之亲，立君臣之义以权之；意论轻重之序，慎测浅深之量以别之；悉其聪明，致其忠爱以尽之。疑狱，泛与众共之；众疑赦之。"古之人听讼，所以其难其慎者，凡以求其情也。夫岂不知人藏其心，不可测度，求其情，释其行，将不免于失出失入。然而有失出失入之害，亦有维持人之良心，使之能以善意相与之利；利害相消，而利犹觉其有余；此郑铸刑书，晋作刑鼎，叔向仲尼，所由断断以为不可也。见《左氏》昭公六年，二十九年。然此亦必风俗犹未甚薄，舆论犹未甚枉之世乃能行之。如其不然，则适为贪官污吏舞文弄法之资而已。故至后世，遂无以是为言者也。然至此而法律之反社会，亦弥甚矣。

舆论法律，皆失其约束裁制之权，则所以畏怖人，使之不敢为非者，惟在宗教。嗟乎！宗教果足以维持民德，扶翼民德，使之风淳俗美,渐臻上理邪?宗教者,社会既缺陷后之物,聊以安慰人心,如酒之可以忘忧云尔。宋儒论佛教,谓其"能行于中国,乃由中国礼义之教已衰,故佛之说,得以乘虚而入;亦由制民之产之法已敝,民无以为生,不得不托于二氏以自养"。斯言也,世之人久目为迂阔之论,莫或措意矣。然以论宗教之所由行,实深有理致,不徒可以论佛教也。世莫不知宗教为安慰人心之物,夫必其心先有不安,乃需有物焉以安慰之,此无可疑者也。人心之不安,果何自来哉?野蛮之民,知识浅陋,日月之运行,寒暑之迭代,风雨之调顺与失常,河川之泛滥与安流,皆足以为利为害,而又莫知其所以然,则以为皆有神焉以司之,乃从而祈之,而报之,故斯时之迷信,皆可谓由对物而起。人智既进,力亦增大;于自然之力,知所以御之矣;知祈之之无益,而亦无所事于报矣;此等迷信,应即消除,然宗教仍不能废者,何也?则社会之缺陷为之也。"出师未捷身先死,长使英雄泪满襟";"但恨在世时,饮酒不得足";无论其为大为小,为公为私,而皆有一缺陷随乎其后。人孰能无所求?憾享用之不足,则有托身富贵之家等思想焉;含冤愤而未伸,则有死为厉鬼以报怨等思想焉;凡若此者,悉数难终,而要皆社会缺陷之所致,则无可疑也。人之所欲,莫甚于生,所恶莫甚于死;其不能以人力弥补其缺憾者,亦莫如生死。故佛家谓生死事大,无常迅速,借此以畏怖人;天国净土诸说,亦无非延长人之生命,使之有所畏有所歆耳。然而死果人之所畏邪?求生为人欲之一;而人之有欲,根于生理。少之时,血气未定,戒之在色;及其壮也,血气方刚,戒之在斗;及其老也,血气既衰,则皆无是戒焉。然则血气渐灭而至于死,亦如倦者之得息,劳者之知归尔,又何留恋之有?《唐书·党项传》谓其俗"老而死,子孙不哭,少死,以为夭枉,乃悲"。此等风俗,在自命为文明之人,必且诮其薄,而不知正由彼之社会,未甚失常;生时无甚遗憾,故死亦不觉其可悲也。龟长蛇短,人寿之修短,固不系其岁月之久暂,而视其心事之了与未了。心事苟百未了一,虽逮大齐,犹为夭折也。曷怪其眷恋不舍,又何怪旁观者之悲恸哉? 夫人之所欲,莫甚于生,所恶莫甚于死;而不能以人力弥补者,亦莫甚于生死;然其为社会之所为,而非天然之缺憾犹如此;然则宗教之根柢,得不谓之社会之缺陷邪? 儒者论郅治之极,止于养生送死无憾,而不云死后有天堂可升,净土可入,论者或讥其教义之不备,不足以普接利钝,而恶知夫生而有欲,死则无之;天堂净土之说,本非人之所愿欲邪? 故曰:宋儒论佛教之言,移以论一切宗教,深有理致也。

程明道曰:"至诚感天地,人尚有不化,岂有立伪教而人可化乎?"斯言可谓极其透澈。伊古以来,各种宗教,设为天堂地狱之说,以畏怖歆羡人,亦多方矣,然终不能维持世道人心者,其说固无验,人不可以尽诳也。一种宗教盛行之时,往往能使若干人赴汤蹈火而不顾,此非虚无之说,真足诳惑人也。世固有杀身成仁者,为宗教而杀身之士,岂尽冀身后不可知之报哉? 又社会之迷信甚,则信教者自可得若干利益,其事固真实不虚也。中国人性颇务实,故所以歆羡畏怖之者,不在死后虚无不可知之境,而在生前可目验之事。曰天道福善而祸淫。不于其身,则于其子孙,故曰:"积善之家,必有余庆;积不善之家,必有余殃。"然而福善祸淫,本于赏善罚恶,非天道,实人事也。世愈乱,赏罚愈倒置,善人受祸,淫人获福者愈多矣。世惟至愚之人,肯信无验之说。稍明事理者,即不肯信之矣。"使我有身后名,不如即时一杯酒",抑岂待后世之诗人,而后有此感慨哉? 试读《史记·伯夷传》,二千年前之人,早知之矣。故欲以宗教维持扶翼民德,乃无聊之极思;聊以是自欺自慰云尔。其无益,三尺童子知之矣。岂无一二至愚之人,为其所诳? 然此等人本不能为恶,诳惑之何益? 徒使其惑于死后犹可

得福,犹可报怨,免却现在之争斗,而强者益得自肆也。姑妇之勃
豀,夫妻之反目,债权债务之陵迫,屡见弱者悬梁服毒,曷尝见强者
有所畏怖邪? 夷齐槁饿,汤武岂以其故废王哉?

　　舆论不能约束也,法律不足裁制也,宗教不能歆动畏怖之也,世
风遂如江河日下;人人相猜疑,相屠戮,娑婆世界,变为修罗之场矣。
人非故如此也,社会之组织,实使之然;迫之不得不然也。不正其
本,而虽治其末,虽劳心焦思,胼手胝足,何益哉?

七、论入乱世后之改革

语云："积劳始信闲为福，多病方知健是仙。"此犹是曾经闲、曾经健之人。若有人焉，生而劳苦，从来未识安闲；长于疾疢，自小未知康健；则彼将误以劳苦疾疢，为人生之本然矣。后世是也。自大同降入小康，自小康降入乱世，人之相扶相助之意日益微，而其相争相斗日益烈。败者不必论矣，胜者亦如处重围中，日虞敌人之侵袭。人生百年，无一日释其重负；偶或开口而笑，则所谓苦中作乐者也。生人之趣复何在？然而大同之世云遥矣，人不复知人之性固相扶相助，而非相争相斗者也，则以为世界本不过如此，人生本不过如此而已。岂不哀哉？先秦之世则不然。其时去大同之世未甚远，去小康之世则更近；其遗迹盖犹有存者；即故书雅记，亦不得无征；故孔子谓大道之行也，与三代之英，丘未之逮，而有志焉。夫以为人生之固然，则无可如何，知其为疾病，未有不思疗治者也。此先秦言治之家，所以多欲举社会之根柢，拨乱而反诸正也。

诸家之中，言改革最澈底者，为道家与农家，皆欲拨乱世径反诸大同者也。道家之旨，在归真反朴。此意为后人误解，以为欲举晚近之风俗，还诸皇古之淳，必将一切文明，悉行摧毁，而其事遂不可行。殊不知风俗之薄，由于人与人利害之不相容，与其驾驭天然智力之增高，了无干涉。如谓驾驭天然之智力增高，其对于人，亦必增其残暴诡谲，则古来学问之士，必且为鬼为蜮，不可乡迩矣，然按其实，不徒不如是，而其仁慈诚信，转远非不读书无知识者所及，何也？今人莫不知与之交涉，易于受亏者，为医师与律师。然惟请医师治病，延律师诉讼时为然。若与医师闲谈病理，请律师讲演法律，未闻其作诳语以欺人也。此可见人与人之相争斗，由其利害之不相容，非由其智识之相越也。今使举文明国中，凡学自然科学之所资者，悉移而致之野蛮部落中，其人之能通其学，必与文明人同，无待变其社会之组织，而后其学可通，无足疑也。至于社会科学，处于风淳俗美之社会中，容或不能了解。然社会科学之精深，本系社会病状，日益增剧之所致。今者钱币亦成为专门之学矣，然无交易，安有钱币？且无钱币，何从成为学问邪？故苟能使今日人与人之关系，其利害相同而不相异也，一如大同之世，人之相亲相爱，未有不一如大同之世者也。虽欲不如是，而不可得也。老子曰："民之难治，以其上之有为。"此言最有理致。治人者必用智，用智，夫亦知用智矣，智者诈愚，由是起也。治人者必用权力，用权力，夫亦知用权力矣，勇者侵怯，由是起也。夫民日以勇相侵，以智相诈，上之人坐视而无以治之，不可；欲治之，安得不用智用权？在都市中岂能去警察，罢遣侦探，裁法院，废刑罚哉？然而老子不云乎？"圣人不死，大盗不止；剖斗折衡，而民不争"。夫岂谓杀伤人之案日出，而先去警察，裁法院？剖斗折衡者，斗衡指争夺之原言，非指平争之具言也。人之相杀伤，自有其原，塞其原，又何杀伤人之有？又安用警察与法院？道家之意如此，其理至平易也，而数千年以来，皆以为迂阔难行之论，信乎惯于病者之不复可语夫健哉！

神农之言曰："贤者与民并耕而食，饔飧而治。"此即剖斗折衡之谓。所谓政府，本有两种作用：一以治事，一以镇压。人之利害，既相与同矣，莫或争夺，焉用镇压？至于治事，只对天然，非以治人，亦极易简。虽并耕而食，饔飧而治，固无虞其不给也。治人之事，愈复杂愈难，治物则不然。治三军者，必不如管理小学校之易也；用大机器者，则不必难于用小机器。今工商等业，管理之难，亦皆在对人，非在对物也。人与人之相与，无虞无诈，悉以诚，生产运输等规模，虽合全世界为一，犹无改其简易也。《荀子》曰："或禄以天下而不以为多，或监门御旅，抱关击柝，而不自以为寡。故曰：斩而齐，枉而顺，不同而一，夫是之谓至平。"《荣辱》。斯言也，自古至今，视为不易之论，而恶知夫任大任小，实由其度量之相越，初非由歆荣名厚利而为之；苟无其人，虽悬重赏，终莫之致哉？而美恶相形，人必歆于美而不肯自安于恶，而争夺之原，遂自此起，此即老子所谓斗衡也。故为神农之言者，欲使五谷布帛多寡长短同，则价相若。孟子谓巨屦小屦同价，人岂为之？以为质之不同，犹其量之有异，而恶知许子之意，正欲使人莫为其精者，然后艳羡之原去，争夺之祸泯哉？或谓如此，是毁社会之文明，而复返于野蛮也。殊不知众人之生活程度皆增高时，物之精者将自出；而因享用不平，寖至酿成大乱，仅有之文明，旋复摧毁，进寸退尺之祸，则无之矣。合全局而衡之，吾见文明之进益速，而未见其迟也。夫今日社会之难理，益倍蓰十百于古矣，然人之才智，未能倍蓰十百于古也。欲臻斯世于治平，非人之才智，倍蓰十百于今日，则必事之易理，蓰倍十百于今日而后可。由前之说，生物学明其无望矣。由后之说，则社会本系如此，而后乃失之者也。譬诸身，康健时本不劳疗治，所以见为难治者，皆病状日深，以致诸医束手也。复于康健，饮食起居，人人能自调护，何待于医？更何待国手哉？故真欲臻斯乱世于治平，非还诸淳淳闷闷之境不可；而欲求认真反朴，则必改变社会之组织，使人与人之利害，相同而不相背。道家农家，固皆深知此义者也。

儒家亦慨慕大同，然其议论，其主张，皆欲先复小康之治。盖欲由是渐进于大同，非以小康为止境也。何以知儒家非以小康为止境也？《记》曰："礼，时为大。"其释时为大之义曰："尧授舜，舜授禹，汤放桀，武王伐纣，时也。"古之所谓礼者，非徒动容周旋，节文度数之末，一切人事，靡不该焉。故禅让放伐，乃礼之最大者也。礼也者，"因人之情而为之节文"。人情犹素，节文犹绘。故曰"绘事后素"。礼家之责，在绘事之得其宜，素之美恶，非所问也。不徒非所问，礼也者，因人情而有，人之情变而礼不变，礼则有罪焉。违人情以存礼，非制礼之意也。此小儒之所以不可语于通方也。礼莫大于禅让放伐，禅让放伐，犹因人情而变，况其下焉者乎？然则一切小康之制，不容拘守审矣。宋儒罗处约，谓"六经之教，化而不已，则臻于大同"，见《宋史·文艺传》。可谓知言。彼疑大同非孔子之言者，不亦拘于墟哉？

儒家出于司徒之官，故最重教化。然教必先富，儒家于此义最明。故孟子斤斤于制民之产。"乐事劝功，尊君亲上，然后兴学"；《礼记·王制》。未闻救死不赡，顾责之以治礼义也。儒家富民之策，首重平均地权；勿夺其时，食之以时，用之以礼。其意在于生之者众，食之者寡，为之者疾，用之者舒。故必合生产消费而通筹，非如今之言生计者，但汲汲于生产也。儒者之于工商，主市廛而不税，关讥而不征，似与春秋战国时情势不合。然读《礼记·王制》、《盐铁论·散不足》篇，即可知其主张之所由。盖如儒家之意，居民上下，一举一动，皆当率循乎礼；如此，淫侈之事，自莫敢为；莫敢为淫侈之事，安所用淫侈之物？商人自无所牟大利；儒家治国之制而诚行，末盖有不待抑者矣。此论固不易行，然议论则不能谓其有误。如今苟能使人民日用饮食，一守闭关之世之旧，岂虑入口货之日增？又焉用关税以为壁垒也？今之论者，率谓生产果多，则消费虽增而无害，故奢侈惟在贫乏时当禁，在富裕时即不为恶德。此以言布帛菽粟，日用必须之物则可。何者？其消费之量，自有定限也。若人炫垂珠，我求和璧，相高无已，安有足时？不特此也，雕文刻镂者众，则操末耜者寡矣；刺绣纂组者多，则事女红者少矣；即使生产既多，奢不为恶，而生产未多时，奢不能禁，生产又何缘而多也？故教有二义：衣食饶多矣，设为庠序学校以教之，使乐礼义而不为恶，教之一义也。衣食未足时，与生活程度不相称之物，禁不得为，与生活程度不相称之费，禁不得用，教之又一义也。二者不可偏废，此义汉世儒者，犹多知之。《坊记》言礼之精义曰："使民富不足以骄，贫不至于约。"今之贫者，固欲求其不约而不可得也，物力限之也。然惟富者不能骄，而后贫者可以无约，狗彘食人食，则终必至于途有饿莩矣。虽有仁人，不能躬耕以食之也；即能躬耕以食之，又何策保吾所获之粟，不为以人食之狗彘者之所夺也。此政之所以不可不立也。夫梁惠王，一国之君也，特狗彘食人食而不知检而已，未尝躬以人食食狗彘也，孟子犹非之。今上海，乃有日市牛肉于番菜馆，以养其狗者，办公毕，则自驾摩托车往，取之而归。此等事，实行儒家之礼教，能否自由？世徒訾礼教之杀人也，杀人果由礼教乎哉？旧礼教未尝无杀人者，然救人者皆不行，惟杀人者独存，且变本而加厉也，又岂礼教之咎乎哉？

　　法家之义，异于儒家。儒家重平均地权，法家重节制资本。盖古工业皆官营，山泽皆公有；省耕省敛，补不足，助不给，亦皆仰赖于上；故齐民莫能相并兼。至山泽为私家所有，工业亦为私家所营；交易渐广，卖者与买者，亦不得直接，而必借商人为之介；而其情势大异矣。法家之所以处置之者：曰官山海，所以收山泽之利，使不为私家所障管也。曰收轻重敛散之权，所以抑商人也。曰收借贷之权，所以制今之所谓高利贷者也。其说具见于《管子》。《管子·国蓄》曰："使万室之都，必有万钟之藏，藏繈千万；使千室之都，必有千钟之藏，藏繈百万；春以奉耕，夏以奉芸，耒耜械器，种饷粮食，毕取赡于君，则大贾蓄家，不得豪夺吾民矣。"大贾即商人，蓄家即今所谓高利贷者也。

　　当春秋战国之世，有蒿目时艰，不为高论，惟以救世为急务者，时为墨子。墨子之所行，乃古凶荒札丧之变礼也。《记》曰："岁凶，年谷不登，君膳不祭肺，马不食谷，驰道不除，祭祀不县，大夫不食粱，士饮酒不乐。"《曲礼》。凶荒则当谋节省，而节省当全社会而通筹，大同之世，本系如此；即小康之世，亦有能行之者，卫文公大布之衣，大帛之冠；齐顷公七年不饮酒，不食肉皆是。越句践卧薪尝胆，盖亦犹行古之道，而传者过甚其辞耳。"庖有肥肉，厩有肥马，民有饥色，野有饿莩"，此礼制既坏后事，古之人无是也。庄子讥墨子曰："其道大觳，违天下之心，使人不堪。墨子纵能独任，奈天下何？"然则饮食衎衎，而坐视民之饥而死，反诸人之相人偶之心，能堪之乎？庄子其以此为人之本性邪？《荀子·富国》篇曰："不足非天下之公患也，特墨子之私忧过计也。"其说若甚辩。然亦思荀子富国之策，非以有政故乎？其政，非即古之所谓礼乎？荀子所言，平世之礼也；墨子所言，凶荒札丧之变礼也；当凶荒之时，而行平世之政，则蔡京之丰亨豫大尔。抑墨家之言，尤有可深长思者。《荀子·正论》述宋子之言曰："情欲寡。"今之人，皆以人性为好奢也；其俭者不得已也。误于是说，变本加厉，故非所欲，习与性成，而奢侈之事，遂相引于无穷。其实人之有欲根于生理；饥饱寒暖劳逸，皆自有其度。过俭固非所堪，过奢亦非所欲。人之本性，惟在得中。道家养性之说，所以贵"适情辞余，以性为度"也。见《淮南·精神训》。礼之不背人性，实以此为本原。必明乎此，然后知为仁义者，非戕贼人，若戕贼杞柳以为杯棬也。墨家用夏，夏之政忠。以哀矜恻怛之心，行勤生薄死之事，正所谓忠也。儒家亦曰：三王之道若循环。救周之文敝，莫若以忠。知孔墨必相为用矣。

　　先秦之世，言改革之家如此，皆欲举社会组织，革其变以复其常，非徒曰修明政事，维持治安，以求一时之安云尔。夫思想者，事实之母也。有是思想矣，一时虽若受挫折，迟早终必见诸事实。先秦之世,有志之士,公认社会之当改革如此,其必不能免于改革,亦审矣。

改革当在何时邪?力征经营之世,自未暇及此,一统之后,则其时矣。世皆以秦始皇为徒暴虐,事佚游,此语大失其实。始皇之罢侯置守,开千古未有之弘规;其燔诗书百家语,令民欲学法令,以吏为师,亦得古者政教合一、官师不分之意。其所行是否,别是一事,要不可谓非无意于根本改革者。始皇怒侯生等曰:"吾前收天下书不中用者尽去之。悉召文学方术士甚众。欲以兴大平。方士欲练,以求奇药。"求奇药不足言。兴大平必有所作为。以始皇之威严,辅之以李斯之核实,苟有兴革,或能较新莽为切于事情,不致引起大乱,亦未可知。惜乎运祚短促,其力尽于镇压反侧,攘斥夷狄,而未能及于致治清浊之原也。秦灭汉兴,刘邦故无赖子;一时将相,非刀笔吏,则椎埋少文者流;不足语于改革。然萧曹为相,填以无为;高后女主,政不出房户,而刑罚罕用,民务稼穑,亦得萧曹遗意。自此至于景帝,凡七十年,汉之为政,皆可谓守黄老之道者;而文帝之节俭,亦墨家之遗意也。而天下卒以不治者,何也?道家之要,在于无为。无为非无所事事之谓也。为之言化也。浅演之世,民皆蠢愚,抟心一志,以听于上。斯时之民,本不能为恶;为淫侈之事,以败坏风俗者,皆在上之人,故老子哓音瘏口,欲一悟之;欲其守小国寡民之俗。此犹今日告川滇土司,令勿效法汉人耳。以此语南京、上海之市长,则傎矣。以南京、上海,为淫侈以败风俗者,不在市长也。汉世则犹是也。后之衣,富人以衣婢妾;而文帝所幸慎夫人,衣不曳地,何益?墨家之言节俭,亦非谓躬自俭,坐视人之淫侈,而不为之法度也。是时欲用老墨,必先大变天下之俗,俗既淳矣,无不守法度者矣,在上者乃守之以俭,填之以静,乃为有益。否则犹治病者,不去其病,而欲养其体,必不可得之数也。故自萧曹至文景之安静节俭,除政府不自扰民，不自导民为非外，更无他益。《史记》述武帝初之富庶，至于"都鄙廪庾尽满，而府库余财；守闾阎者食粱肉，为吏者长子孙"。然又曰："网疏而民富，役财骄溢，或至兼并。"夫兼并行于穷困之日，岂有行于富庶之时者哉？而顾如此，可见是时富者自富，贫者自贫也。故萧、曹、文、景之安静节俭，必不足以致太平也。武帝起，用桑弘羊。弘羊，世徒以为贾人子，工心计，此又误也。其人湛深于学术，所行皆管、商遗教，读《盐铁论》可知。夫不务扶植贫弱，而务摧抑豪强，以治业已倾危之社会，似得之矣。然而亦无验者，私家商工之业已盛，弘羊所行之策，固不足以制之也。常平之法，即所以收谷物轻重敛散之权，后世迄未废绝，然不能平谷价者，谷物之市场已广，在官之资本甚微故也。他事视此。且其所用多贾人子，以自私牟利之心，行抑制并兼之政，其不能善其后，无俟再计矣。读《盐铁论·水旱篇》可知。又况是时，县官大空，急于聚敛，平准之法，悉成为搜括之策哉？先秦之世，言社会改革者，不过儒、道、法、农、墨五家。农家之旨，与道家同。至是，则四家之说，皆已行之而无验矣。儒亦当时显学，必将有所借手，势也；况复经武帝之表章乎？故自宣、元以后，而儒家之说遂独盛。

儒家言治，本先富后教。此义在后世稍以湮晦，汉儒则犹具知之。而教有二义：一渐之以仁，摩之以义，辅之翼之，使自得之，必在衣食饶足之后。一为之法度，禁其逾侈，必奢侈越礼之事绝，而后民可得而足。则在今日，知者亦少，然先秦两汉之世，凡儒者无不明于此也。民之好侈，非有憾于物之不足，皆憾与人相形而见其不逮耳。不然，饥寒为切身之患，人人所知；奢侈必致饥寒，亦人人所知；当有不待诰诫，自知警惕者。然每当承平数十年，论者必以风俗渐奢为患，虽诰诫亦无益，何哉？或引于前，必或逐于后，民之性则然，非空言所能挽也。夫入逾于出，虽贫必富；出逾于入，虽富必贫；理至易明，而实不可易。故欲求足民，必能节用，徒能多生利无效；欲言节用，必能禁奢，徒善言劝导无效。**足民之策，儒者重平均地权。**

行之急者，为新莽之王田。行之徐者，为董仲舒、师丹之限民名田。教化之义，主于辅翼者，欲兴庠序，设学校，刘向、王吉等主之。见《汉书·礼志》。主立法度者，以翼奉为最急，欲迁都以更化。然皆未及行，至新莽乃行之。然新莽之所行，又非纯儒家言也。盖儒家言详于平均地权，略于节制资本，此在东周之初，商工之业，尚未大盛，其说或可用；至于汉世，盐铁酒酤之家，履丝曳缟，乘坚策肥，千里敖游之流，其势力，曾不下于有土之君；居民上者不摧抑之，终不足以言治，其事正明而易见矣。故新莽更制，实兼儒法。田为王田，卖买不得，儒家平均地权之义也。五均六筦，法家官山海，制轻重敛散之意也。凡有所为者，无不当自占纳税于上；而民欲祭祀丧纪无费，若欲治产业者，上以是贷之。物周于民用而不雠者，均官以本价取之，而治产业者不虞消乏；物昂过平价一钱，以所取者平价卖与民，而仰给者不病贵廋（庚）。不殖，不毛，浮游无事者有罚；不能得业者，亦得宂（冗）作县官。其计划可谓周且悉。然而反以召乱者？大同之世，去之久矣；虽小康之治，亦云遥矣，人皆挟自为之心，习私产之俗，徒恃在上者之力，操刀代斫，未有能善其后者也。新莽之败，非新莽一人之败，乃先秦以来言社会改革者之公败。何也？莽所行，非莽之私见，乃先秦以来言社会改革者之成说，特假手于莽耳。自此以降，无复敢言根本改革者，皆委心任运，听其迁流之所届耳。其善者，不过弥缝补苴，去其泰甚，而成否犹视乎其所遭；成不成，乃其幸不幸耳，非必其善不善也。而"治天下不如安天下，安天下不如与天下安"之语，遂为言政治者之金科玉律。

八、论大同之可复

予年九岁，始读陶渊明《桃花源诗》。当时父师诏我，以为是寓言也，予亦诚以为寓言而已矣。及年十四，读《经世文编》，于其第二十三卷中，见乔光烈所撰《招垦里记》，述其地风俗之淳，与桃花源曾无以异，颇疑渊明《诗序》，亦非寓言。元文亦云："予小时读《桃花源记》，特以为出于作者之寓言，及观于是，始叹与渊明所云，未有异者。"其后测览所及，此等记载，见于诸家著述中者，尚不可一二数，惜当时未知群治变迁之义，未能一一录存，及今日，遂如大海捞针，无从翻检耳。然民国二十二年十一月某日，上海《申报》，载是月十五日山东费县通信，述蒙山居民之俗，谓其室用巨石垒筑，甚宽大而无门，此则孔子所谓外户不闭者也；又谓其服装及婚嫁仪式，类似明代；问其年代，尚不知有民国，此则渊明所谓"不知有汉，何论魏晋"者也。元文云："蒙山亘鲁南，临、郯、费、峄、蒙、泗、新、莱各县，东西二百余里，南北百余里；泉水清冽，森林遍山。产名药异果铅锡等矿。因交通滞涩，百年来鲜有入山开泉（采）者。山内人民，尚有野人风。不知耕稼，仅采山药及银花，易粟而食。其人面色黝黑，声刚而钝。不履，足底冈子，有二分厚，登山攀树捷如猿。居石室内，每村十家数十家不等。皆推举年长有力者，管理村事，颇似部落酋长。凡有纠纷，均诉请解决。婚嫁仪式，与明代无异。民性极蛮横。山外人除采购药材外，不得久居山内，否则必遭暗杀。山居不知岁月，梅花盛开便过年。秋夏工作之余，村长即率全村人民，在山下跳跃聚乐，且唱山歌。有婚娶者，全村前往帮忙庆祝。居山洞或石室内。室用巨石垒筑，高丈许，甚宽大，无门。在壁上留洞，以透日光。室内敷草为床。全家均睡一室。用薄石板为桌。锅碗由内地购往。服装类似明代，均以土布为之。妇女尚缠足。服装与男子无异，惟头裹粗布帕。言语行动，与内地类似，但无识字者。问其年代，尚不知有民国也。"冈子，元注云："俗名。"案盖谓足茧也。风俗蛮横，盖其对外人则然，其自相与，和亲康乐，必有非吾侪所能想像者。登山攀树如猿，俨然三国时之山越，知当时目为深山化外之民，强出之以充军伍者，其中风淳俗美之地，为不少矣。山越之名，晋后罕见，实则晋南北朝所谓蛮，皆三国时之山越也，特易其名耳。蛮与山越，其蔓衍，盖遍今秦豫湘鄂皖赣两浙之境，而在湖南者，同化尤晚，桃源盖亦其一也。弥以征渊明所记，非寓言矣。足征渊明所记，非寓言矣。观此，知人心随境而变；有何等境地，即有何等风俗；无所谓世风不古；亦无所谓古今人不相及。苟能使社会组织，与古风淳俗美之世无以异，必将求今人之不为古人而不可得也。

　　孟子曰："大人者，不失其赤子之心者也。"此语最好。人欲求智识，当增益其所本无；而欲求进德，则但当去其旧染。以凡恶皆是"后来没把鼻生底"，朱子之言。无一为生初所固有也。惟社会亦然。一切恶俗，皆由恶制所致；而制之不善，则皆人类驾驭天然之力未足，因之，人与人之关系，亦失其正耳。佛说："凡事皆因缘际会所成，无自性。"无自性，则知其为业力所造。黑业造成之事，无不可以白业袪除之者，大同之必可致，吾侪当有此信念也。惟今后所谓大同，有与古之大同异者。古之大同，乃处境优良所致，而此境非其所自造，故境变，制即与之俱替，俗亦随之而坏焉。今后则经历万难，明知前此之恶，而有意造出一善境，乃可入于不退转地。故古之大同赤子，今后之大同，则为大人。赤子者，环境所造之大人，大人则自力回复于赤子者也。

　　今后之大同，其情状果何如邪？曰：人与人之利害，全然一致。其于物也，亦因其智识之高，防御及利用之力之强，蒙其利而不蒙其害，见其可爱而不见其可畏。至于一切不可遂之欲，则本非人性所固有，皆社会之缺陷，有以致之；社会无缺陷，人自无此等欲念矣。如是，人遂有乐而无苦。夫物不可穷也，人有乐而无苦，则易不可见，而乾坤或几于息邪？曰：不然。人类是时之所争，乃在道德。甲行仁而乙自愧其勿如，乙行义而丙自惭其不逮。夫如是，则愈竞争而愈得和平。人类至此，所视为大敌而欲克服之者，乃不在外物而惟在其心。夫如是，一切学术宗教中最高之义，乃能为万人所领受，亦能为凡人所享用，非如前此，说虽甚深微妙，实徒有极少数人能知之能行之也。夫是之谓大同。

　　大同之不可致，皆囿于小康之治者为之。人类既有阶级，则两阶级之利害，必不能相容。小康之治，本因两阶级对立而起。其一切制度，皆所以维持其时之社会组织者，能自此更进一步，自可臻于大同；抑人类本自大同之境，堕落至此也。乃世之小儒，必执此时之制度为天经地义。明知其不尽合于人性也；不免毁此阶级以利彼阶级也；乃以为人性本恶，非此无以治之，释此则世事将更不可问。本为人而立制度者，其极，乃杀人以维持其制度焉。今所谓旧礼教食人者，其礼教皆此类也。今若诘责之，彼且衍衍有辞曰："子不见夫人心风俗之恶，虽跂就见制度，尚觉其不及邪？"于是彼辈乃日以正人心、移风俗为务。以为人心既正，风俗既淳，制度乃可继之而变也。而恶知笃守今日之制度，人心永不可得而正，风俗永不可得而移邪？孟子曰："待文王而后兴者，凡民也，若夫豪杰之士，虽无文王犹兴。"寻常之人，不能自振于恶劣环境之下，此义古本明白。譬诸居室，栋折榱崩，处其下者皆覆压焉，苟非力士，孰能掀墙而起？恶得曰：凡处其下者，吾皆将待其自起焉，而不自外为之去其瓦砾也？故治化之不能进，不知恒人之心恒制于境者实为之。此义明，凡恶无不可去，凡善无不可臻矣。故今后救世之务，不当空言改革人心，而当努力改革社会。循是而行，大同之世，虽去今犹远乎，固未尝不可以渐致也。

孔子果圣人乎？较诸佛、耶、回诸教主，亚里斯多德、柏拉图、康德诸大哲如何？此至难言也。吾以为但论一人，殆无从比较。若以全社会之文化论，则中国确有较欧洲、印度为高者。欧印先哲之论，非不精深微妙，然或太玄远而不切于人生；又其所根据者，多为人之心理；而人之心理，则多在一定境界中造成；境界非一成不变者，苟举社会组织而丕变之，则前此哲学家所据以研究，宗教家所力求改革者，其物已消灭无余矣，复何事研求，孰与变革也？人之所不可变革者何事乎？曰：人之生，不能无以为养。又生者不能无死，死者长已矣，而生者不可无以送之。故"养生送死"四字，为人所必不能免；余皆可有可无，视时与地而异其有用与否焉者也。然则惟"养生送死无憾"六字，为真实不欺有益之语，其他皆聊以治一时之病者耳。今人率言：人制驭天然之力太弱，则无以养其生，而人与人之关系，亦不能善；故自然科学之猛晋，实为人类之福音。斯言固然。然自然科学，非孤立于社会之外，或进或退，与社会全无干系者也。社会固随科学之发明而变，科学亦随社会之情形，以为进退，究之为人之利与害者，人最切而物实次之。人与人之关系，果能改善，固不虑其对物之关系不进步也。中国之文化，视人对人之关系为首要，而视人对物之关系次之，实实落落，以"养生送死无憾"六字，为言治最高之境，而不以天国净土等无可征验之说诳惑人；以解决社会问题，为解决人生问题之方法，而不偏重于个人之修养；此即其真实不欺，切实可行，胜于他国文化之处。盖文化必有其根原，中国文化，以古大同之世为其根原，故能美善如此也。今之人，亦知慕效西洋文化，不免有弊矣，而欲反诸旧文化者，又多为人訾议，其主张，亦诚有可訾议之处，遂至皇惑而无主。予谓此由其所提倡者，多小康世之伦纪耳；若知小康之法，本非了义；其说或不可行于今；或虽不能遽去，亦如蘧庐可一宿而不可久处；不必爱恋卫护，视为天经地义；所蕲乡者，一以大同之义为依归，则中国文化，美妙殊胜，但可爱慕，无可非议矣。下士闻道大笑之，吾愿其深观世变，勿拘于墟也。

　　挟泰山以超北海，非人力所能为也。然凿巴拿马地峡，开苏彝士运河，与挟泰山以超北海，亦何以异？是知人之筋力有限，其心力则无限也。精诚所至，金石为开；子又有子，孙又有孙；为山九仞，方覆一篑，进吾往也，何事不成？二乘声闻，虽能生天，不到佛地；四海皆秋气，一室难为春；既闻高义，安可不勉？请诵两大贤之言，以结吾书。曾子曰："士不可以不弘毅，任重而道远。仁以为己任，不亦重乎？死而后已，不亦远乎？"张子曰："为天地立心，为生民立命，为往圣继绝学，为万世开太平。"

跋

　　此书为民国二十二三年间，予在光华大学所讲，二十四年夏，樊君仲云主编《文化建设月刊》，以孔子之学说征文于予。予谓惟孔子之说，中国人人童而习之，今生徒虽不读经，然其父师皆读经之人，不患无所闻之。抑学说之行既久，则化为凡民之日用行习，虽不闻其说，固已知其义矣。众所共知之义，固无俟赘陈，抑且不免有弊。其亟待发挥者，实在湮晦之高义。无论何种学说，传述者率以中材为多。仲尼没而微言绝，七十子丧而大义乖，刘歆攻击今文师之言，诚不尽可信；然《春秋》文成数万，其指数千，今读其书，有其文无其义者甚多；则知歆虽訾謷，此言初不尽诬。书缺有间，口说何独不然，安得执今之所传者，为足尽孔子之道乎？况学说恒随时势为变迁乎？孔子之道，盖久非其朔矣。世之自谓护卫孔教，而转使孔道蒙垢，诒害于世者，实由执小康之义；甚至所执者，为治乱世之法，有以致之。欲拯其弊，非昌明大同之说不可。此义惟康南海最明，然皆以空言说经，不知社会变迁之情状，固无以使人起信。其所想望之大同，遂亦如海上三神山，可望而不可即，固不可无以补正之也。乃复将讲稿，略加删正，以覆樊君焉。

　　此书之意，主于考古，特欲明孔子所谓大同者确有其世为何如世，并明其不可复耳。至于如何复之，则一致百虑，同归殊途，固非可以一言尽,亦非浅学所能言。然私见所在,亦有不妨为读者一言之者。予谓中国今日,欲言救正社会,古人之策划,仍宜注意者有三焉。其一,中国之革命,当注重农人,不当偏重工人;而其牖启农人,则当以耕作使用机械为要义。今之迷信苏俄者,辄曰革命当以工人居前列,以其有团结,能斗争,习公产;农人则反是,且皆锢蔽难启发也。然中国之民,十八九业农,新式工业,惟通都大邑有之耳。将不革命邪?抑坐待资本主义之成,而后为之计也。夫自私之制之下,不足以言公心久矣,今日之大弊,即在于是。故欲正农民,非革土田私有之制不可。然土田私有之制,非简单之强力均田之法所能革也。果其能之,则新莽王田之法早行。北魏均田之令,唐租庸调之法,亦久存而不废矣。害于其事者,必先生于其心,心不革,事固无由而变;虽强变之,亦必旋复也。然心又非可以空言革也。人之心,恒随乎境,故生活实为最大之教育。惟耕作使用机械,然后土地割裂,乃觉其不利,而共同耕作之法,乃可以徐行。制曰公,则人之公心,亦油然而生焉。此则俄国集合农场之制,实深可取法者也。其二,孔子所谓大同者,乃古农业共产社会。此等社会,其规模小,故其事之是非利害易见而易于措置;其人数少,故其和亲之情深;而偶有桀骜不驯者,社会裁制之力亦强。在今世固无由断其联结,复反于孤立之境,而人之相人偶,亦惟在其利害之相同,而不系于孤立与否,此义篇中已言之矣。然当拨乱反正之时,古者度地居民之制,仍不可以不讲。人之居处,自有其天然之则。人之性,皆乐群居,空山之叟,闻足音犹为之色喜,自非有大不得已之苦衷,未有乐绝人逃世者,此吸合人使之聚者也。然人虽乐群居,其所能与接为构者,究有定限,处于万人如海之都会中,将不觉其乐,惟苦其嚣矣。此又限制人使聚集不能过甚者也。生产之规模,则用力少,成功多,此吸合人使之聚集者。然今所生产,皆为商品,商品必求其价廉,故宁忍居处之苦,以求生产规模之大。至于分配之制异于今日,人尚忍居处之不适,以就生产之机械乎? 此则未必然矣。此又限制人使聚集不能过甚者也。今之都会,其缘起非以战守,则以工商业;又以富人贵族聚居淫乐之事多,守卫之力亦强;人或贪逸乐,托庇护,又穷人衣食者争托迹焉,皆社会之病态,非天然之规律。今之政治,徒闻自上镇压下,不则训练其民以御外,或事侵略,亦治者之自私;而联合人共善其事,共乐其生之义,反日益废坠矣。苟欲拨乱世返诸正,非依自然之情势,_{兼地理与人民风俗言}。划为若干区;区各自善其事,未有足语于真联结者。不联结则不同矣,而况于大乎?